COMPETÊNCIAS PESSOAIS

QUE AS EMPRESAS PROCURAM

JOHN C. MAXWELL

COMPETÊNCIAS PESSOAIS
QUE AS EMPRESAS PROCURAM

SEJA O PROFISSIONAL QUE
TODA EQUIPE DESEJA

Traduzido por
Valéria Lamim Delgado

Editora Mundo Cristão
São Paulo

COMPETÊNCIAS PESSOAIS QUE AS EMPRESAS PROCURAM
CATEGORIA: LIDERANÇA & GESTÃO/CAPACITAÇÃO

Título original em inglês: The 17 Essential Qualities of a Team Player

Tradução: Valéria Lamim Delgado

Preparação de texto: Teresa Cristina F. Gouveia

Revisão: Geuid Dib Jardim

Diagramação: Idéia Dois Design

Capa: Idéia Dois Design

Impressão: Imprensa da Fé

Os textos das referências bíblicas foram extraídos da versão Almeida Revista e Atualizada. 2ª ed. (Sociedade Bíblica do Brasil), salvo indicação específica.

A 1ª edição brasileira foi publicada em junho de 2004, com tiragem de 5.000 exemplares.

Dados Internacionais de Catalogação na Publicação (CIP)
(Câmara Brasileira do Livro, SP, Brasil)

Maxwell, John C., 1947 –
Competências Pessoais Que as Empresas Procuram : Seja o Profissional Que Toda Equipe Deseja / John C. Maxwell ; [tradução Valéria Lamim Delgado]. – São Paulo : Mundo Cristão, 2004.

Título original : The 17 essential qualities of a team player
Bibliografia.
ISBN 85-7325-380-0

1. Equipes no local de trabalho – Aspectos psicológicos I . Título

04-3758 CDD - 658.4036

Índice para catálogo sistemático

1. Equipes no local de trabalho : Administração de empresas 658.4036

Publicado no Brasil com a devida autorização e com todos os direitos reservados pela:

Associação Religiosa Editora Mundo Cristão
Rua Antonio Carlos Tacconi, 79 – CEP 04810-020 – São Paulo – SP – Brasil
Telefone: (11) 5668-1700 – Home page: www.mundocristao.com.br

Editora associada a:
- Associação Brasileira de Editores Cristãos
- Câmara Brasileira do Livro
- Evangelical Christian Publishers Association

Printed in Brazil
10 9 8 7 6 5 4 3 2 1 04 05 06 07 08 09 10 11

SUMÁRIO

Agradecimentos

Gostaria de agradecer às pessoas que me ajudaram neste livro. Cada uma delas é um verdadeiro membro de equipe:

Linda Eggers, minha assistente administrativa
Kathie Wheat, minha assistente de pesquisa
Stephanie Wetzel, minha revisora
Charlie Wetzel, meu escritor

INTRODUÇÃO

É impossível formar uma bela equipe sem ótimos membros. Isso é um fato. Como se costuma dizer: "Você pode perder com bons jogadores, mas não pode ganhar sem eles." Então, como conseguir bons jogadores? Na verdade, como tornar-se um melhor jogador? Quando o assunto é ter pessoas boas na equipe, você realmente tem duas opções: treiná-las ou substituí-las. Ou você transforma o pessoal que já tem em um grupo de campeões, ou terá de recrutar pessoas com qualidades de campeão para a equipe. Este livro poderá ajudá-lo a escolher uma dessas duas opções.

Desenvolver uma equipe melhor é algo que sempre parte de você. Para melhorar a equipe, é preciso melhorar os indivíduos que fazem parte dela. Você poderá melhorar como membro de uma equipe adotando as competências descritas nas páginas a seguir. Recomendo que você leia com calma este livro do começo ao fim. Leia um capítulo. Assimile-o. Utilize a seção "Compreensão" para ajudá-lo a entender melhor cada uma das competências. Se você for fluente em inglês e quiser avaliar-se em uma competência específica, visite nosso site: www.QualitiesOfATeamPlayer.com. Ao adotar o processo, você poderá tornar-se o tipo de pessoa que toda equipe deseja.

Aprimorar-se é algo que valorizará ainda mais sua equipe. No entanto, se você tiver uma função de liderança em sua equipe, o aprimoramento será, sobretudo, vital. Por quê? Porque você só pode ensinar com eficiência aquilo do que é um exemplo constante. É preciso alguém que saiba o que é isso para mostrá-lo a uma pessoa e para desenvolvê-la.

Uma vez que você é um exemplo do comportamento que espera dos membros de sua equipe, comece a utilizar *Competências Pessoais Que as Empresas Procuram* como um manual de treinamento. Você pode utilizá-lo para ajudar os membros de sua equipe a tornar-se melhores colaboradores – independentemente do nível de talento de cada um deles. E, se quiser recrutar outros membros que não façam parte da equipe, utilize este livro como um manual que o ajudará a encontrar o tipo de pessoa que colocará a equipe em primeiro plano. Tenha certeza de que qualquer pessoa com todas as dezessete competências será um membro da equipe.

A capacidade concedida por Deus talvez esteja fora de seu controle, mas a capacidade de trabalhar como uma equipe não está. Todas as pessoas têm a opção de melhorar como membros de equipe. Tudo o que precisam é expressar as qualidades de um membro de equipe. Faça isso você mesmo, ajude os membros de sua equipe a fazer o mesmo, e toda a equipe será um sucesso.

1

ADAPTÁVEL

SE VOCÊ NÃO MUDAR PELA EQUIPE, A EQUIPE PODERÁ MUDAR POR VOCÊ

A inflexibilidade é um dos piores defeitos humanos. É possível aprender a controlar a impetuosidade, superar o medo com confiança, e a ociosidade com disciplina. Entretanto, para a rigidez da mente, não há antídoto. Ela carrega as sementes de sua própria destruição.

—Anônimo

Felizes são os flexíveis, pois não estarão propensos a ficar fora de forma.

—Michael McGriff

■ UMA MENTE BEBOP

Seus amigos o chamam de Q. Ele se tornou uma lenda na área do entretenimento. Trabalhou com os melhores do ramo, começando na era do *bebop*: Duke Ellington, Count Basie, Lionel Hampton, Frank Sinatra, Ella Fitzgerald, Sarah Vaughan, Ray Charles, Miles Davis e por aí afora. Produziu o *single* mais vendido de todos os tempos: *We Are the World.* Produziu o álbum mais vendido de todos os tempos: *Thriller*, de Michael Jackson. Foi mais indicado para o prêmio Grammy do que qualquer outra pessoa e, até hoje, recebeu um total de 27 premiações. A pessoa a quem me refiro é Quincy Jones.

Quincy Jones nasceu em 1933, em Chicago, e passou os primeiros dez anos de vida em um dos piores bairros da cidade. Como o próprio Jones admite, ele e o irmão meteram-se em muitas confusões naquela época. Então, sua família mudou-se para Bremerton, em Washington.

Logo depois, Jones descobriu sua paixão pela música. Aos 11 anos, decidiu que queria tocar um instrumento. Então, começou a estudar percussão. Mesmo naquela época, ele mostrou indícios de uma competência que seria sua marca como profissional – adaptabilidade. Ele passou a ficar na escola depois das aulas e a experimentar vários outros instrumentos. Tentou clarinete e violino, mas, no final, encantou-se pelos metais. Por isso, experimentou todos eles: saxofone barítono, trompa, sousafone e trombone. Por fim, escolheu o trompete, e foi um sucesso.

Aos 14 anos, conseguiu seu primeiro emprego remunerado como músico. Quando adolescente, fez amizade com Ray Charles, que era apenas alguns anos mais velho do que ele. Jones começou a compor músicas e a aprender a fazer arranjos. E quando as melhores bandas e cantores passavam por Seattle, ele ia ou para ouvi-los ou para tocar com eles. Aos 18 anos, já estava na estrada, fazendo turnês com Lionel Hampton.

Jones sempre mostrou um grande desejo de aprender – o que chama de uma "curiosidade obsessiva" – e uma surpreendente adaptabilidade. No decorrer dos anos, ele facilmente passou de músico e arranjador para líder de banda. Na década de 1950, trabalhou com muitos dos maiores nomes do jazz. Em 1957, quando pensou que poderia aplicar-se mais aos estudos, mudou-se para Paris e estudou com Nadia Boulanger, que havia sido professora de Aaron Copland e Leonard Bernstein.

Naquela época, Jones decidiu trabalhar com a Mercury Records para equilibrar o orçamento. Foi onde descobriu o lado comercial da indústria fonográfica. Era tão bom nisso que, em 1964, tornou-se vice-presidente da empresa. (Foi o primeiro afro-americano a ocupar uma posição executiva em uma gravadora de renome.) Foi também na década de 1960 que Jones decidiu enfrentar um novo desafio: entrar no mundo cinematográfico. Passou a compor músicas para mais de trinta filmes e inúmeros programas de televisão.

Ao longo de sua carreira, Jones trabalhou com os melhores cantores e músicos do mundo. Como havia passado muito tempo na comunidade jazzística, ao trabalhar com Michael Jackson, em 1982, ele foi acusado de traição por alguns de seus colegas. Jones considerou ridículo o fato, como explica:

> Quando eu tinha 12 para 13 anos, tocávamos tudo – *strip music, rhythm and blues*. Tocávamos música popular, *schottisches* (parecidas com polcas) e salsa... Tocávamos em todos os clubes da cidade – clubes para negros, para brancos e de tênis. Por isso, sempre tive uma gama de estilos à qual pude recorrer. Trabalhar com Michael Jackson ou Frank Sinatra nunca foi um problema. Eu estava extremamente envolvido com o bebop em termos musicais, e ele tem efeito sobre suas idéias. Impede você de ser rígido e o ajuda a manter a mente bem aberta.[1]

A flexibilidade e a criatividade foram muito úteis para Jones. Não só o capacitaram a trabalhar com todos os tipos de músicos – de latinos a populares, de jazzistas a rappers –, mas também lhe permitiram extrair o que havia de melhor na pessoa com quem trabalhasse. Ele se adaptava à pessoa e à situação para criar um sucesso para todos. "Cada um tem uma forma diferente de relacionar-se com as pessoas", observou Jones. "Eu me relaciono com cada um deles e sou feliz por isso, pois tive alguns relacionamentos maravilhosos que transcenderam o *show business*."[2]

O próprio Jones transcendeu profissionalmente. Valeu-se de sua adaptabilidade para diversificar suas atividades. Passou a produzir filmes, ao ser co-produtor de *A Cor Púrpura*. Em seguida, passou para a televisão, produzindo vários sucessos, entre eles *Um Maluco no Pedaço*. Jones e vários sócios fundaram a Qwest Broadcasting; além disso, ele também é fundador e presidente da revista *Vibe*.

Para Jones, ser capaz de ajustar-se ou ir além dos próprios limites não é algo fora do comum; é simplesmente quem ele é.

Ele vem trabalhando na criação de um *show* para a Broadway baseado na vida de Sammy Davis Jr. Para ele, isso o faz se sentir com 15 anos. Jones nunca teve medo de uma idéia nova, de uma equipe nova, de uma atividade nova. O desafio nunca foi problema para ele, pois ele é extremamente adaptável.

■ REFORÇO

Rigidez pessoal e rigidez no trabalho em equipe são coisas que não combinam. Se você quiser trabalhar bem com os outros e ser um bom membro de equipe, é preciso estar disposto a adaptar-se à sua equipe. Rosabeth Moss Kanter, professora da Harvard Business School, observa: "Aqueles que têm sucesso e prosperam também são os que lideram as mudanças: são especialistas em reorientar suas atividades e as dos outros em direções que não foram experimentadas para gerar níveis superiores de realização."

> Rigidez pessoal e rigidez no trabalho em equipe são coisas que não combinam.

Os membros de equipe que mostram adaptabilidade têm certas características. Pessoas adaptáveis:

1. Podem ser ensinadas

Diana Nyad disse: "Tenho disposição para passar por qualquer coisa; a dor ou o incômodo temporários não significam nada para mim, desde que eu veja que a experiência vai levar-me a um novo nível. Interesso-me pelo desconhecido, e o único caminho que leva ao desconhecido é transpor barreiras." Pessoas adaptáveis sempre dão grande prioridade ao primeiro passo. São muito receptivas ao ensino.

Observe Quincy Jones e você verá alguém que sempre está aprendendo. Segundo ele, se a pessoa trabalhar com afinco e tornar-se muito habilidosa em uma área, ela pode transferir essa experiência para novos empreendimentos. Essa abordagem pode funcionar para qualquer pessoa receptiva ao ensino. No entanto, as pessoas que não podem ser ensinadas têm dificuldade para lidar com a mudança e, conseqüentemente, nunca se adaptam bem.

2. Têm segurança emocional

Outra característica das pessoas adaptáveis é a segurança. Pessoas que não são seguras emocionalmente vêem quase tudo como desafio ou ameaça. Encaram com rigidez ou desconfiança a entrada de outra pessoa talentosa na equipe, uma alteração em sua posição ou título, ou uma mudança no modo como as coisas são feitas. Entretanto, as pessoas seguras não ficam nervosas com a mudança em si. Avaliam uma nova situação ou uma mudança em suas funções com base no mérito dessa situação ou mudança.

> A idade de uma pessoa pode ser determinada pelo nível de dor que ela experimenta quando entra em contato com uma nova idéia.
>
> —Quincy Jones

3. São criativas

Criatividade é outra qualidade que você encontra em pessoas adaptáveis. Elas encontram uma solução quando estão diante de uma dificuldade. Quincy Jones observou:

> Há uma expressão que diz que a idade de uma pessoa pode ser determinada pelo nível de dor que ela experimenta quando entra em contato com uma nova idéia.

Alguém pode dizer: "Vamos tentar isso de outro modo", e aí você pode, na verdade, ver a dor. Essas pessoas metem isso na cabeça. Chega a doer fisicamente pensar na possibilidade de fazer algo diferente. Aquelas que não reagem com medo são as pessoas realmente criativas. "Vamos tentar", elas dizem. "Vamos lá, mesmo que não dê certo."[3]

4. Concentram-se em servir

As pessoas que se concentram em si mesmas têm menos chances de fazer mudanças em prol da equipe do que as pessoas que se concentram em servir aos outros. Horace Mann, educador e reitor de uma faculdade, afirmou: "Não fazer nada pelos outros é destruir a si mesmo." Se seu objetivo é servir à equipe, adaptar-se para atingir esse objetivo não será difícil.

■ REFLEXÃO

Como você se sente quando o assunto é adaptabilidade? Se para melhorar a equipe você precisa mudar seu modo de fazer as coisas, qual é sua reação? Você é do tipo que apóia ou prefere fazer as coisas do modo como elas "sempre foram feitas"? Se alguém com um talento maior em sua atual área se junta à equipe, você se coloca à disposição para assumir outra função? Ou se um membro fundamental em outra área está tendo um problema, você se dispõe a trocar de posição para ajudá-lo? O primeiro elemento-chave para que você seja um membro de equipe é estar disposto a adaptar-se à equipe – e não esperar que a equipe se adapte a você!

> Criatividade gera adaptabilidade.

■ COMPREENSÃO

Para tornar-se mais adaptável:

- **Adquira o hábito de aprender.** Durante muitos anos, carreguei um pequeno cartão no bolso. Todos os dias, quando aprendia algo novo, eu escrevia no cartão. No final do dia, tentava compartilhar a idéia com um amigo ou colega e, em seguida, guardava a idéia para usar no futuro. Isso fez com que eu adquirisse o hábito de procurar coisas para aprender. Experimente esse método por uma semana e veja o que acontece.

- **Reavalie sua função.** Dedique algum tempo para observar a função que você desempenha no momento em sua equipe. Tente descobrir se há outra função que você poderia desempenhar tão bem ou melhor do que a atual. Esse processo poderá levá-lo a uma mudança, mas, ainda que não aconteça, o exercício mental servirá para aumentar sua flexibilidade.

- **Pense além dos limites.** Encaremos o fato: muitas pessoas não são adaptáveis porque acabam entrando em uma rotina negativa. Se você tem tendência a entrar em rotinas, escreva esta frase e a coloque em um lugar onde possa vê-la todos os dias: "A questão não é por que isso *não pode* ser feito, mas como *pode* ser feito". Procure soluções não convencionais sempre que enfrentar um desafio. Você se surpreenderá com sua criatividade se tentar fazê-lo sempre.

■ LIÇÃO DO DIA-A-DIA

Um dos maiores generais da história militar foi Napoleão Bonaparte. Aos 26 anos, ele se tornou general e utilizou estratégia perspicaz, ousada sagacidade e extrema rapidez a seu favor para conquistar muitas vitórias. O duque de Wellington, um dos mais temíveis inimigos do general, disse: "A presença de Napoleão no campo de batalha equivale a quatrocentos homens numa posição estratégica, porém indeterminada."

"Vou lhe dizer o erro que sempre comete", disse Napoleão a um adversário derrotado. "Você traça seus planos um dia antes da batalha, quando ainda não conhece os movimentos do adversário." Napoleão reconheceu em seu adversário derrotado uma fraqueza que ele mesmo não tinha: falta de adaptabilidade. Se você está disposto a mudar e a adaptar-se pelo bem de sua equipe, sempre terá uma chance de vencer.

2

Colaborador

Trabalhar em conjunto precede a vitória coletiva

■

Toda a sua força está na união,
Todo o perigo está no desentendimento.
—Henry Wadsworth Longfellow

Colaborar é multiplicar.
—John C. Maxwell

■ MOVIMENTO DE RESISTÊNCIA

Eles a chamaram de A Grande Fuga. Não foi grande porque não havia sido feita antes. Prisioneiros de guerra já haviam fugido antes de campos inimigos. Não foi considerada grande por causa do resultado: as conseqüências foram terríveis para a maioria dos fugitivos. Foi grande porque sua dimensão fez a tarefa parecer impossível!

Stalag Luft III, um campo nazista para prisioneiros de guerra que ficava a 160 quilômetros a sudeste de Berlim, era uma grande área restrita que chegou a manter dez mil prisioneiros de guerra das Forças Aliadas. Naquele campo, em 1944, havia um grupo importante de prisioneiros determinados a fugir. Na realidade, seu objetivo era facilitar a fuga de pelo menos 250 homens em uma noite, algo que exigiria uma total cooperação entre os prisioneiros. Uma fuga tão espantosa jamais havia sido tentada.

Tirar homens de um campo de prisioneiros na Alemanha era uma tarefa complexa. Sem dúvida, havia o desafio de cavar e esconder os túneis que permitiriam os meios de fuga. Juntos, os prisioneiros projetaram, cavaram e escoraram túneis com ripas tiradas das camas dos prisioneiros e livraram-se da terra de maneiras surpreendentemente criativas. Eles encheram os túneis de ar com foles feitos por eles. Criaram trilhas e carrinhos de mão usados pelos homens para se movimentarem pelos túneis. Até passaram fios de luz elétrica nas estreitas passagens. A lista de materiais necessários para o trabalho foi incrível: quatro mil ripas de cama, 1.370 tábuas, 1.699 cobertores, 52 mesas grandes, 1.219 facas, 30 pás, 182 metros de corda, 304 metros de fio elétrico e outras coisas.[1] Foi necessário um exército de prisioneiros só para encontrar e furtar todo o material para os túneis.

Por mais difícil que fosse a construção dos túneis, criar os meios de fuga era apenas uma parte de todo o projeto. Todos os homens que tentariam escapar precisavam de uma infinidade de suprimentos e equipamentos: trajes civis, carteiras de identidade e documentos alemães, mapas, bússolas caseiras, comida para situações de emergência e outros itens. Vários prisioneiros estavam sempre à procura de algo que pudesse ajudar a equipe. Outros trabalhavam sistemática e implacavelmente para subornar e depois chantagear os guardas.

Cada pessoa tinha uma função. Havia alfaiates, ferreiros, batedores de carteira e falsificadores que trabalhavam secretamente, mês após mês. Os prisioneiros até criaram equipes de homens que se tornaram peritos em distração e camuflagem, impedindo os soldados alemães de ficarem de guarda.

Talvez o trabalho mais desafiador tenha sido o da "segurança". Uma vez que os alemães contratavam muitos guardas que eram especialistas em detectar fugas – chamados de "furões" pelos prisioneiros –, a equipe de segurança registrava cada movimento de cada guarda que passava pela área. Além disso, eles usavam uma série elaborada, porém discreta, de sinais para advertir outros homens da segurança, os vigias e os membros da equipe de trabalho quando um guarda representava uma ameaça às suas tentativas.

Na noite de 24 de março de 1944, depois de mais de um ano de trabalho, 220 homens prepararam-se para atravessar rastejando o túnel e seguir para a floresta que ficava do lado de fora do campo de prisioneiros. O plano era enviar um homem por minuto até que todos conseguissem fugir. Os prisioneiros que falavam alemão embarcariam em trens e se apresentariam como trabalhadores estrangeiros. O restante procuraria não chamar a atenção durante o dia e partiria à noite, na esperança de escapar das patrulhas dos alemães.

No entanto, ao sair do túnel, o primeiro prisioneiro descobriu que a saída não dava na floresta. Em vez de um homem por minuto, eles mal conseguiram tirar doze homens por hora. Ao todo foram 86 homens que escaparam antes de o túnel ser descoberto. O acontecido criou uma situação caótica entre os nazistas, que ordenaram um alerta nacional para lidar com a situação. Oitenta e três prisioneiros foram capturados e, desses, 41 foram executados sob as ordens de Adolf Hitler. Somente três conseguiram a liberdade.

John Sturges, que dirigiu o filme *Fugindo do Inferno*, baseado nessa história verídica, disse o seguinte sobre a tentativa dos prisioneiros: "Foram necessárias a dedicação e a vigilância concentradas de mais de seiscentos homens – de cada um deles, a cada minuto, a cada hora, a cada dia e a cada noite por mais de um ano. Nunca a capacidade humana superou-se de forma tão incrível ou foi exibida com tanta determinação e coragem."[2]

■ REFORÇO

Grandes desafios exigem um grande trabalho em equipe, e a qualidade mais necessária entre os membros de uma equipe em meio à pressão de um terrível desafio é a colaboração. Note que eu não disse "cooperação", pois a colaboração é

> Para membros de equipe colaborativos, é mais importante completar um ao outro do que competir entre si.

mais do que isso. Cooperação é trabalhar em conjunto e em comum acordo. Colaboração é trabalhar em conjunto e com dinamismo. Membros de equipe colaborativos vão além de simplesmente trabalhar uns com os outros. Cada pessoa traz algo para a discussão que dá valor ao relacionamento e sinergia à equipe. A soma de um trabalho em equipe verdadeiramente colaborativo é sempre maior do que suas partes.

Para tornar-se um membro de equipe colaborativo, você precisa fazer uma mudança de foco em quatro áreas:

1. Percepção: Veja os membros da equipe como colaboradores, não como competidores

Observe qualquer equipe, e você verá o potencial de competição. Irmãos brigam entre si para ganhar a atenção dos pais. Colegas de trabalho competem entre si para conseguir aumentos e promoções. Jogadores de futebol disputam para ver quem dará o primeiro chute e quem ficará no banco de reserva. Como todas as pessoas têm esperanças, objetivos e sonhos, elas querem realizá-los. No entanto, para membros de equipe colaborativos, é mais importante completar um ao outro do que competir entre si. Eles se vêem como uma unidade que trabalha em conjunto, e nunca permitem que a competição entre membros da equipe chegue a ponto de prejudicá-la.

2. Atitude: Dê apoio aos membros da equipe, em vez de desconfiar deles

Algumas pessoas preocupam-se tanto com seus próprios interesses que naturalmente desconfiam de quase todas as outras, inclusive dos colegas de equipe. Entretanto, tomar a atitude de completar – em vez de competir com – os membros da equipe é possível somente se você acabar com suas desconfianças e tornar-se um membro que oferece apoio.

É uma questão de atitude. Significa presumir que as razões das outras pessoas são boas até que provem o contrário. Se você confiar nas pessoas, passará a tratá-las melhor; se as tratar melhor, você terá mais chances de criar relacionamentos colaborativos.

3. Foco: Concentre-se na equipe, e não em si mesmo

Como membro de uma equipe, você normalmente faz uma destas duas perguntas quando algo acontece: "O que isso tem a ver comigo?" ou "O que isso tem a ver com a equipe?" O foco de sua atenção revela se você compete com os outros ou se os completa. Para o escritor Cavett Roberts, "o verdadeiro progresso em qualquer campo é uma corrida de revezamento, e não um evento individual". Se você se concentra na equipe, e não só em si mesmo, será capaz de passar o bastão quando necessário, em vez de tentar terminar a corrida sozinho.

> O verdadeiro progresso em qualquer campo é uma corrida de revezamento, e não um evento individual.
>
> –Cavett Roberts

4. Resultados: Conquiste vitórias pela multiplicação

Ao trabalhar com os membros de sua equipe, você poderá fazer coisas extraordinárias. Se trabalhar sozinho, você deixará muitas vitórias adiadas. A colaboração tem um efeito multiplicativo sobre tudo o que você faz, pois libera e aproveita não apenas suas habilidades, mas também as de todos os que fazem parte da equipe.

■ REFLEXÃO

Você é uma pessoa colaborativa? Você talvez não esteja trabalhando contra a equipe, mas isso necessariamente não significa que esteja trabalhando a favor dela. Você colabora e dá valor aos membros de sua equipe – mesmo às pessoas com quem não gosta de estar? Você ajuda a multiplicar os esforços dos outros? Ou a equipe fica mais lenta e menos eficiente quando você se envolve? Se não tiver certeza, converse com os membros de sua equipe.

■ COMPREENSÃO

Para tornar-se um membro de equipe colaborativo:

- **Pense na vitória.** O rei Salomão do antigo Israel fez a seguinte observação: "Como o ferro com o ferro se afia, assim o homem ao seu amigo."[3] Geralmente, ao colaborar com os outros, você ganha, os outros ganham e toda a equipe ganha. Encontre alguém na equipe com uma função semelhante à sua a quem você via antes como um concorrente. Descubra formas pelas quais vocês podem compartilhar informações e trabalhar em conjunto para o bem de vocês e da equipe.

- **Complete os outros.** Outra maneira de colaborar é juntar-se a alguém cujos pontos fortes estão na área em que você tem pontos fracos e vice-versa. Procure outros na equipe que tenham talentos complementares e trabalhem em conjunto.

- **Tire seu time de campo.** Adquira o hábito de perguntar o que é melhor para a equipe. Por exemplo, da próxima vez que você estiver em uma reunião para solução de problemas e todos estiverem contribuindo com idéias, em vez de promover-se, pergunte a si mesmo como a equipe se sairia se você não estivesse envolvido na solução. Se ela melhorar, então proponha idéias que promovam e envolvam as pessoas, e não a si mesmo.

■ LIÇÃO DO DIA-A-DIA

> Geralmente, ao colaborar com os outros, você ganha, os outros ganham e toda a equipe ganha.

Um dia, alguns garotos estavam passeando na floresta e encontraram parte de uma estrada de ferro abandonada que dava nas árvores. Um deles saltou em cima de um trilho e tentou andar sobre ele. Depois de alguns passos, perdeu o equilíbrio. Outro garoto logo tentou fazer a mesma coisa, e também caiu. Os demais riram.

"Aposto que vocês também não conseguem", o garoto gritou para os outros. Um por um, os garotos tentaram, mas todos fracassaram. Até o melhor atleta da turma não conseguiu dar mais de doze passos sem tropeçar.

Então, dois dos garotos começaram a cochichar, e um deles desafiou os outros:

— Eu consigo andar sobre o trilho até o final, e ele também — disse, apontando para o amigo.

— Você não consegue — disse um dos outros garotos que havia tentado e fracassado.

— Aposto um doce com cada um de vocês que nós dois vamos conseguir! — ele respondeu, e os outros aceitaram a aposta.

Então, os dois que haviam feito o desafio subiram cada um em um trilho, estenderam o braço, deram-se as mãos e, com cuidado, percorreram toda a distância.

Sozinhos, eles não conseguiriam vencer o desafio. Mas, trabalhando em conjunto, os dois conseguiram facilmente. O poder da colaboração é a multiplicação.

3

COMPROMISSADO

NÃO HÁ CAMPEÕES SEM ENTUSIASMO

No instante em que uma pessoa definitivamente assume um compromisso, a Providência também entra em ação. Todos os tipos de coisas ocorrem para ajudar algo que, de outra forma, jamais teria ocorrido. Dessa decisão surge todo um fluxo de eventos, criando em favor da pessoa todo tipo de incidentes, encontros e assistência material inesperados, os quais ninguém sonharia que pudessem existir.

— William H. Murray

Pessoas comuns que têm compromisso podem causar um impacto extraordinário no mundo em que vivem.

— John C. Maxwell

ASSUMINDO UM COMPROMISSO PELA EQUIPE

Em 1939, um homem de 25 anos, da cidade de Nova York, chamado Jonas Salk, concluiu seus estudos na Faculdade de Medicina da New York University. Quando garoto, ele sonhava em ser advogado, mas, em algum momento entre a formatura do colégio e o ingresso na faculdade, seu interesse passou das leis da Terra para as leis da natureza. Ele decidiu que queria ser médico. Talvez tenha mudado de idéia porque sua mãe não havia incentivado sua carreira jurídica. "Minha mãe não achava que eu seria um bom advogado", observou anos mais tarde, "provavelmente porque eu jamais consegui argumentar contra ela."[1]

Seus pais, imigrantes e da classe operária, sentiram orgulho ao vê-lo formado em medicina, pois ele era a primeira pessoa da família que estudou.

Embora tenha optado pela medicina, a verdadeira paixão de Salk era a pesquisa. Ficou fascinado com as alegações científicas contraditórias feitas por dois professores, que o incentivaram a começar a estudar imunologia, inclusive a pesquisar sobre a gripe. E, durante seu segundo ano na faculdade de medicina, quando teve a chance de passar um ano fazendo pesquisas e ensinando, ele aceitou a idéia. "No final daquele ano", ele lembra, "disseram-me que, se quisesse, eu poderia optar pela bioquímica e chegar ao doutorado, mas preferi ficar na medicina. Acredito que tudo isso tem a ver com minha ambição, ou desejo, original de ser útil à humanidade, por assim dizer, em termos mais gerais do que simplesmente individuais."[2]

Em 1947, Salk tornou-se chefe do Laboratório de Pesquisa de Vírus da University of Pittsburgh. Foi nesse laboratório que começou a investigar o vírus da poliomielite. Naquela época, a pólio era uma terrível doença que incapacitava o indivíduo e tirava a vida de milhares de pessoas a cada ano, sendo as crianças as vítimas mais freqüentes. A epidemia de pólio que assolou Nova York no verão de 1916 deixou 27 mil pessoas paralíticas e vitimou outras 9 mil. Depois daquele ano, as epidemias tornaram-se comuns, e a cada verão, multidões fugiam das grandes cidades para tentar proteger seus filhos.

Na primeira metade do século XX, a pesquisa de vírus ainda estava no início. Mas em 1948, uma equipe de cientistas da Harvard University descobriu como produzir grandes quantidades de vírus em laboratórios, o que possibilitou uma pesquisa mais extensiva. Salk financiou as descobertas desses cientistas e o trabalho inovador de outros, e começou a desenvolver a vacina contra a pólio.

Depois de mais de quatro anos de trabalho contínuo, Salk e sua equipe da University of Pittsburgh, em 1952, desenvolveram uma vacina. Fizeram alguns testes preliminares seguros com a vacina em pessoas que haviam contraído pólio e sobrevivido. Contudo, o verdadeiro teste seria injetar a vacina, que continha células inativas do vírus da pólio, em pessoas que nunca haviam tido a doença.

Salk mostrou sua dedicação por ajudar as pessoas ao longo dos anos de estudo, preparação e pesquisa. No entanto, uma coisa é acreditar em algo que você está fazendo, outra é comprometer-se totalmente com o que você faz. No verão de 1952, Jonas Salk testou a vacina em voluntários saudáveis. Entre as pessoas do grupo estavam ele, sua esposa e seus três filhos. Ele tinha um compromisso!

O compromisso de Salk foi válido. As tentativas da vacina foram bem-sucedidas e, em 1955, ele e seu antigo mentor, dr. Thomas Francis, conseguiram vacinar quatro milhões de crianças. Em 1955, havia 28.985 casos de pólio relatados nos Estados Unidos. Em 1956, este número caiu pela metade. Em 1957, havia apenas 5.894 casos. Hoje, graças ao trabalho de Jonas Salk e aos subseqüentes esforços de outros cientistas, como Albert Sabin, os casos de pólio nos Estados Unidos são quase inexistentes.

Jonas Salk dedicou oito anos de sua vida à tentativa de vencer a pólio. Mas seu verdadeiro desejo era ajudar pessoas – o que ele, mais tarde, demonstrou ao jamais patentear a vacina que criou. Desse modo, a vacina poderia ser usada para ajudar pessoas de todas as partes do mundo. Podemos dizer que a equipe com a qual ele estava mais comprometido era a humanidade.

■ REFORÇO

Muitas pessoas têm a tendência de associar o compromisso a emoções. Se sentem que estão no caminho certo, então dão continuidade aos compromissos. Mas o verdadeiro compromisso não funciona dessa forma. Não se trata de emoção, é um traço de caráter que nos permite atingir nossos objetivos. A todo momento, as emoções humanas estão oscilando, mas o compromisso tem de ser sólido como uma rocha. Se você deseja uma equipe sólida – seja na empresa, no clube, no casamento, em uma organização de voluntários –, precisa ter membros de equipe firmemente comprometidos com a equipe.

Há algumas coisas que todo membro de equipe precisa saber quando o assunto é compromisso:

1. Normalmente descobre-se o compromisso em meio à adversidade

As pessoas realmente não sabem se estão comprometidas com alguma coisa até depararem com a adversidade. A luta fortalece a determinação de uma pessoa. A adversidade promove o compromisso, que, por sua vez, promove o trabalho levado com afinco. E quanto mais você se dedica a alguma coisa, menos chances tem de desistir. Como disse o técnico da Liga Nacional de Futebol Americano, Vince Lombardi, cujo nome figura no Rol da Fama: "Quanto maior o esforço, maior a resistência." Pessoas comprometidas não desistem facilmente.

Quanto maior o esforço, maior a resistência.
– Vince Lombardi

2. O compromisso não depende de talentos ou habilidades

Às vezes, quando ouvimos falar de pessoas talentosas que são extremamente bem-sucedidas, somos tentados a pensar que, no caso delas, é mais fácil ter compromisso por causa do talento que elas têm. É como se a prática de exercícios pudesse ser mais fácil para atletas extraordinários ou o refinamento da arte pudesse ser mais fácil para artistas hábeis ou o trabalho na própria empresa pudesse ser mais fácil para empresários inatos. Mas isso não é verdade. O compromisso e o talento não são relacionados, a menos que você relacione um ao outro.

Você não conhece pessoas altamente talentosas que desperdiçaram seu potencial porque não faziam nada? Não conhece pessoas menos talentosas do que você que têm muito mais sucesso? Muitas vezes isso acontece, em parte, por causa do compromisso. O escritor Basil Walsh disse: "Não precisamos de mais força, de mais habilidade nem de mais oportunidades. Precisamos usar o que temos." Se assumirmos o compromisso de usar o talento que temos, descobriremos que temos mais talento – e mais a oferecer para nossa equipe – como resultado de nosso compromisso.

3. Compromisso é fruto de escolha, e não de condições

Quando colocado nestes termos, o compromisso sempre é uma questão de escolha. Em *Choices*, Frederic F. Flach escreve:

> A maioria das pessoas pensa nos anos que se passaram e identifica uma época e um lugar em que a vida delas passou por uma mudança considerável. Quer por acaso, quer por planejamento, são os momentos em que, por causa de uma disponibilidade íntima de nossa parte e uma colaboração de eventos externos à nossa volta, somos forçados a fazer uma séria reavaliação de nós mesmos e das condições sob as quais vivemos e a fazer certas escolhas que afetarão o resto de nossas vidas.[3]

São muitas as pessoas que pensam que as condições determinam as escolhas. Na maioria das vezes, são as escolhas que determinam as condições. Quando você opta por assumir um compromisso, dá a si mesmo uma chance de ter sucesso.

4. O compromisso dura quando está alicerçado em valores

Uma coisa é assumir um compromisso em um momento. Outra coisa é agarrar-se a ele. De que modo você se mantém comprometido? A resposta está naquilo em que você baseia seus compromissos. Toda vez que faz escolhas baseadas em sólidos valores de vida, você está em uma melhor posição de sustentar seu nível de compromisso, pois não tem de reavaliar constantemente a importância desse compromisso. É como resolver uma questão antes de ela ser provada. Comprometer-se com algo em que você acredita é um compromisso mais fácil de ser mantido.

■ REFLEXÃO

Qual a importância do compromisso para você? Você é do tipo que valoriza a lealdade e o cumprimento do dever? Quando as coisas ficam difíceis, você tem o hábito de continuar firme? Ou tem a tendência de ceder ou até desistir? Mais especificamente, qual é o nível de seu compromisso com sua equipe? Seu apoio é sólido? Sua dedicação é inegável? Ou você hesita em seu nível de compromisso? Se você se vê reavaliando sua intenção de permanecer com a equipe toda vez que você e os membros da equipe deparam com uma adversidade, talvez precise comprometer-se mais.

Toda vez que faz escolhas baseadas em sólidos valores de vida, você está em uma melhor posição de sustentar seu nível de compromisso.

COMPREENSÃO

> Ninguém se arrepende de fazer o máximo que pode.
> – George Halas

Para melhorar seu nível de compromisso:

- **Associe seus compromissos a seus valores.** Como seus valores e sua capacidade de cumprir os compromissos estão intimamente ligados, reserve um tempo para refletir sobre eles. Primeiro, faça uma lista de compromissos pessoais e profissionais. Em seguida, tente expressar em palavras seus valores essenciais. (Isso levará certo tempo, principalmente se você nunca fez isso antes; por isso, não tenha pressa.) Assim que você tiver as duas listas, compare-as. Você provavelmente descobrirá que há compromissos que nada têm a ver com seus valores. Reavalie-os. Você também descobrirá que tem valores que você não está colocando em prática. Comprometa-se com eles.

- **Assuma um risco. Comprometer-se envolve riscos.** Você pode fracassar. Os membros de sua equipe podem desapontá-lo. Você pode descobrir que, ao cumprir seus objetivos, não teve os resultados desejados. Entretanto, assuma o risco de comprometer-se mesmo assim. George Halas, ex-proprietário do Chicago Bears, da Liga Nacional de Futebol Americano, afirmou: "Ninguém se arrepende de fazer o máximo que pode."

- **Avalie o compromisso dos membros de sua equipe.** Se você acha difícil comprometer-se com determinados relacionamentos e não consegue pensar numa justificativa para eles, considere o seguinte: você não pode assumir um compromisso com pessoas descompromissadas e esperar que tenham compromisso. Veja se sua relutância não se deve ao fato de a pessoa com quem você se relaciona não ser confiável.

■ LIÇÃO DO DIA-A-DIA

Como você define o verdadeiro compromisso? Vou lhe contar como Hernán Cortés o definia. Em 1519, sob o patrocínio de Velásquez, governante de Cuba, Cortés navegou de Cuba às terras mexicanas, com o objetivo de conquistar riquezas para a Espanha e fama para si mesmo. Embora tivesse apenas 34 anos, o jovem capitão espanhol havia se preparado durante toda a vida para uma chance como essa.

No entanto, os soldados que estavam sob seu comando não eram tão dedicados como ele. Após o desembarque, houve boatos de que os homens poderiam amotinar-se e voltar para Cuba com os navios dele. Qual foi a solução de Cortés? Queimou os navios. Qual é seu nível de dedicação para com sua equipe? Você está totalmente comprometido ou tem uma "desculpa para cair fora", caso as coisas não dêem certo? Neste caso, você talvez precise queimar um ou dois navios. Lembre-se: não existe campeão sem comprometimento.

4

Comunicativo

Uma equipe consiste em muitas vozes com um só coração

■

Se não tiver uma boa eloqüência para falar e escrever, você não será ninguém; e morrerá a cada dia ao ver pessoas que não têm um décimo de seu mérito ou conhecimento saírem na sua frente.

— Lorde Chesterford

Pense como sábio, mas fale como povo.

— William Butler Yeats

■ O TIME QUE SALVOU UMA CIDADE

Alguns anos atrás, o roteirista Gregory Allen Howard mudou-se de Los Angeles para Alexandria, na Virgínia. Ele já conhecia o Estado, pois passara parte de sua adolescência em Norfolk, mas descobriu que gostava, sobretudo, de Alexandria. A cidade tinha o atrativo histórico de ter sido a cidade natal de George Washington, mas o que realmente impressionava Howard, um norte-americano de descendência africana, era que negros e brancos viviam e trabalhavam juntos, diferentemente de muitas outras partes do Sul.

Certo dia, depois de estabelecer-se na cidade, Howard estava em uma barbearia e ouviu alguns homens conversarem sobre um time de futebol do colégio local e de como o time era incrível. Falaram horas a fio sobre os jogadores e suas realizações. Por fim, Howard perguntou onde seria o próximo jogo do time para que pudesse assistir a ele. Foi então que descobriu que o time venerado pelos homens era de 1971!

Howard não podia acreditar. Depois de quase três décadas, aquele time ainda era tão importante para a população da cidade quanto um time ainda na ativa. Howard pensou sobre o assunto e, então, começou a pesquisar. Quanto mais descobertas fazia, mais curioso ficava. Decidiu escrever um roteiro sobre os verdadeiros acontecimentos que envolviam o time, e esse *script* transformou-se em um filme chamado *Duelo de Titãs*.

Se você já assistiu a esse filme, talvez se lembre de que ele se passa numa época em que muitas comunidades nos Estados Unidos estavam no processo de acabar com a segregação racial. Em 1971, a cidade de Alexandria tomou medidas palpáveis em relação à igualdade racial ao reunir os alunos de três colégios – dois de brancos e um de negros – em uma nova escola integrada, chamada T. C. Williams High School.

Foi uma época difícil, e as pessoas de ambas as comunidades raciais ficaram tensas por causa da interação forçada. Os primeiros grupos a serem reunidos foram os jogadores do colégio de negros e de brancos, que formaram um único time pela primeira vez. Além da tensão, havia o fato de Herman Boone, um técnico negro, ter sido escolhido para ser o técnico principal do time de futebol conhecido como Williams, em vez de Bill Yoast, um técnico branco da região, muito estimado na comunidade.

Boone fez tudo o que estava ao seu alcance para unir os jogadores daquele time. Ele forçava os jogadores negros e brancos a pegar o ônibus juntos para o campo de treinamento. Além disso, ele os colocava nos mesmos quartos, mas estava tendo dificuldade para fazê-los se unir como um time. Os jogadores ainda se separavam por causa da raça – todos, exceto um jogador branco. Em um dos momentos mais importantes do filme, o técnico Boone questiona esse jogador branco sobre alguns fatos com relação a alguns de seus companheiros norte-americanos com descendência africana. O jogador responde às perguntas com facilidade. Nesse momento, o técnico informa a todos que, até que cada um dos jogadores do time conheça o outro, eles terão treinamentos pesados três vezes ao dia. Isso não aconteceu facilmente, nem da noite para o dia, mas o time começou a ficar unido.

Anos mais tarde, quando lhe perguntaram em uma entrevista quais foram os recursos que colaboraram para a união do time, Herman Boone disse: "Foi a vitória que fez isso. A vitória resolve tudo... Também tem a ver com comunicação. Conversar uns com os outros. Forçamos os rapazes a passar um tempo uns com os outros, a descobrir coisas sobre seus companheiros. Pedimos que cada jogador ficasse um tempo com os integrantes do time que eram de outra raça."[1]

Aquele ato fez o Titans mudar de atitude. E o time venceu. Eles venceram todos os jogos da temporada da cidade, os jogos de desempate e o campeonato estadual. Na época em que eles se formaram, o Titans de 1971 foi classificado como o segundo melhor time colegial da nação. Contudo, mais importante do que suas vitórias no campo foi o impacto que provocaram fora dele. Em relação ao Titans, o presidente dos Estados Unidos, que morava a menos de 16 quilômetros do rio Potomac, declarou: "O time salvou a cidade de Alexandria."[2]

Boone concordou e fez a seguinte observação:

> A cidade decidiu seguir o exemplo do time, em vez de bandear-se para o lado daqueles que queriam destruir o time e a cidade. Em minha opinião, o time desempenhou um importante papel, ao manter a cidade em paz, centrada e positiva com relação a esses jovens, que lhe mostraram que, para haver entendimento, basta que as pessoas conversem umas com as outras. Foi uma forte mensagem que eles passaram para as gerações, e que será passada para outras gerações... Numa época em que a cidade estava pronta para vir ao chão, estes rapazes se mexeram e mudaram a atitude que existia entre eles e em sua comunidade.[3]

É por isso que até hoje o povo de Alexandria ainda se lembra do Titans e fala desse time.

■ REFORÇO

Francamente, você não pode trabalhar em equipe a menos que tenha membros comunicativos. Sem comunicação, você não tem uma equipe, mas um grupo de indivíduos.

Se avaliar uma boa equipe, você descobrirá que seus integrantes têm algumas características em comum. Os membros comunicativos:

1. Não se isolam dos outros

O principal problema que Herman Boone teve de superar no time que havia acabado de formar era o isolamento. Os jogadores de uma raça isolavam-se dos jogadores de outra. Toda vez que um integrante se isola, a equipe passa a ter um problema. Se seções inteiras da equipe ficam isoladas, o problema aumenta. Quanto mais os membros da equipe se conhecem e sabem quais são os objetivos e métodos da equipe, mais eles se entendem. Quanto mais eles se entendem, mais se preocupam. Um membro entusiasmado, informado e integrado é muito valioso para a equipe.

2. Fazem com que a comunicação entre eles seja fácil

Grande parte dos problemas de comunicação pode ser solucionada com a proximidade. Por isso, Herman Boone recorreu a ela para unir seu time. Colocar os jogadores de diferentes raças no mesmo ônibus e obrigá-los a ficar no mesmo quarto facilitou mais comunicação. Se observar bons líderes e jogadores de impacto em uma equipe, você descobrirá que eles não só permanecem conectados aos membros da equipe, mas também se certificam de que os membros da equipe podem facilmente entrar em contato com eles.

3. Seguem a regra das 24 horas

Algumas pessoas, diante de um conflito ou de dificuldades interpessoais, evitam o indivíduo com quem estão tendo problemas. Entretanto, só o tempo normalmente não é suficiente para resolver essas situações. Sem conhecer os dois lados da história, as pessoas tendem a dar o benefício da dúvida para si mesmas e a atribuir motivos e ações negativos às outras. Sem comunicação, a situação simplesmente se agrava.

> Grande parte dos problemas de comunicação pode ser solucionada com a proximidade.

É por isso que os membros da equipe precisam seguir a regra das 24 horas. Se você tem algum tipo de dificuldade ou conflito com um membro da equipe, não permita que ele dure mais de 24 horas sem ser abordado. Na realidade, quanto antes você comunicar o problema, melhor será a sua situação e dos membros da equipe.

4. Dão atenção a relacionamentos potencialmente difíceis

Para que tenham sucesso, os relacionamentos precisam de atenção. Isso se aplica, sobretudo, ao caso de relacionamentos entre pessoas que têm potencial para entrar em conflito. Um dos relacionamentos mais inconstantes no time do Titans era o que havia entre o ala defensivo branco Gerry Bertier e o pivô defensivo negro Julius Campbell. Ambos passaram a odiar-se e constantemente se desentendiam. Mas, ao longo da temporada, eles se tornaram amigos leais. Ao ficar paralítico por causa de um acidente de carro e preso ao leito de um hospital, a primeira pessoa que Bertier pediu para ver foi Julius. O relacionamento dos dois pode ter se desenvolvido lentamente, mas fortaleceu-se. Aristóteles tinha razão: "A amizade é um fruto que amadurece lentamente."

> A comunicação aberta gera confiança.

5. Colocam no papel uma comunicação importante

Quanto mais difícil é a comunicação, maior a importância de torná-la clara e simples. Isso muitas vezes significa colocar a comunicação no papel. Não é por acaso que a maioria dos casais faz votos, os times de futebol têm agenda de jogos e os sócios têm contratos. Quando a comunicação com os membros de sua equipe for importante, será mais fácil manter o nome de todos na mesma página, caso tenha usado esse recurso para o bem de todos.

■ REFLEXÃO

Como você se sai na comunicação? Você está bem conectado a todos os membros de sua equipe? Já ignorou algumas pessoas ou as excluiu de seu círculo de comunicação? Ou já se isolou dos outros para poder ser mais produtivo? (Admita que você pode atingir mais objetivos pessoais dessa forma, mas é possível que esteja prejudicando a produtividade da equipe.) E quanto a ser acessível? Os membros de sua equipe têm acesso a você ou você torna a regra das 24 horas algo difícil de seguir? Toda vez que você estiver em uma equipe, mas não se comunicar com seus membros, ela será prejudicada.

■ COMPREENSÃO

Para melhorar sua comunicação:

- **Seja sincero.** A comunicação aberta gera confiança. Esconder programações, comunicar-se com pessoas por meio de terceiros e disfarçar más notícias prejudicam os relacionamentos da equipe. Pense em um relacionamento superficial que você já teve com alguém de sua equipe. Se você não foi sincero com essa pessoa, então múde de atitude. Você deve ter como objetivo falar abertamente, mas com gentileza, com os membros de sua equipe.

- **Seja rápido.** Se você tem a tendência de guardar as coisas, em vez de dizê-las, obrigue-se a seguir a regra das 24 horas. Quando você tiver um problema com os membros da equipe, aproveite a primeira oportunidade para discuti-lo com eles. E peça aos outros que façam o mesmo com você.

- **Seja inclusivo.** Algumas pessoas guardam informações a menos que sejam forçadas a divulgá-las. Não utilize essa abordagem. Se puder incluir os outros, faça-o. É óbvio que você precisa ser discreto com informações delicadas, mas lembre-se: as pessoas ficam animadas com as coisas em que estão envolvidas. A comunicação aberta aumenta a confiança, a confiança aumenta o domínio, que, por sua vez, aumenta a participação.

> As pessoas ficam animadas com as coisas em que estão envolvidas.

■ LIÇÃO PARA O DIA-A-DIA

Uma fábula chamada "O Leão e os Três Touros", escrita por Esopo, escritor grego de fábulas, demonstra a importância da comunicação entre os membros da equipe. Três touros havia muito viviam juntos em um pasto. Embora comessem e vivessem um ao lado do outro, eles nunca se falavam. Um dia, um leão apareceu e viu os touros. Ele estava muito faminto, mas sabia que jamais poderia atacar três touros de uma vez, pois, juntos, eles o dominariam e o matariam. Por isso, o leão aproximou-se de cada um deles por vez. Visto que um touro nunca sabia o que os outros dois estavam fazendo, eles não perceberam que a intenção do leão era separá-los. O leão, que era astuto, conseguiu separá-los. Perfeitamente isolados, o leão atacou cada um deles. Assim, ele derrotou os três touros e matou sua fome.

Esopo conclui a história: "A união faz a força." Contudo, é impossível haver união sem uma boa comunicação.

5

Competente

Se você não for, sua equipe também não será

■

A qualidade de vida de uma pessoa relaciona-se diretamente ao seu compromisso com a excelência, seja qual for seu campo preferido de empreendimento.

— Vince Lombardi

As pessoas esquecem a rapidez com que você fez um trabalho – mas se lembram da excelência com que o fez.

— Howard W. Newton

■ O GÊNIO DA MARCENARIA

Quando eu era pastor-sênior da Skyline Church, na Califórnia, fiz amizade com um homem maravilhoso de minha congregação chamado Bob Taylor, que, por fim, tornou-se vice-presidente do ministério de minha igreja. Bob sempre gostou de fazer e consertar coisas. Quando era criança e ganhava um presente na manhã de Natal, era provável que, antes do pôr-do-sol, naquele final de tarde, ele já tivesse desmontado seu presente para ver como funcionava. E, na maioria das vezes, tornava a montá-lo, e ele ainda funcionava. Bob tinha um talento especial para isso.

Uma vez, ainda criança, quando sua mãe estava ao telefone, ele e seus amigos estavam pulando no sofá quando ouviram um forte estalo. Eles quebraram a armação do sofá, que acabou esborrachado no chão! Antes de sua mãe desligar o telefone, ele localizou o problema e, em seguida, colou, apertou e parafusou a madeira quebrada para consertar o sofá. O sofá ficou tão bom que parecia novo.

Era natural que participasse de todas as aulas possíveis de trabalhos manuais na escola. "Tive alguns professores excelentes", Bob relembra. "Eu tinha um professor que abria a oficina até nos finais de semana para que eu pudesse continuar a trabalhar em meus projetos."

Um dos outros interesses de Bob é a música. Quando estava no colégio, ele decidiu que queria um violão de doze cordas. Começou a estudar violão quando estava na terceira série, depois de um vizinho lhe ter dado um violão barato (que ele, posteriormente, serrou inteiro para ver como havia sido feito). O único problema era que Bob realmente não tinha dinheiro para sair por aí e comprar o instrumento que queria. *Não tem problema*, ele pensou, *eu mesmo vou fazer um violão para mim*. E foi o que fez – como projeto da oficina de marcenaria no terceiro ano do colégio! Na realidade, enquanto esteve no colégio, ele não fez só um violão, mas três violões e um banjo.

Muitas pessoas têm *hobbies* interessantes no colégio. Alguns indivíduos continuam com esses *hobbies*. Outros os abandonam quando ficam mais velhos. Contudo, Bob fez algo realmente especial com o *hobby* que tinha. Veja, se você toca violão, é provável que já tenha entrado em uma loja de instrumentos musicais e visto um violão Taylor. Sim, é esse mesmo Bob Taylor. Ele começou fazendo violões no tempo livre quando adolescente e passou a dono da própria empresa.

Kurt Listug, de 27 anos, sócio de Bob, tem a paixão pela comercialização e pelo desenvolvimento da empresa, ao passo que Bob tem a paixão e o conhecimento técnico para fazer os violões. Hoje, a Taylor Guitars faz alguns dos melhores violões acústicos do mundo, e o ritmo de produção da fábrica é de duzentos instrumentos por dia.

O que fez Bob deixar de ser um *luthier* solitário e passar a empregador de mais de 450 pessoas que ocupam um complexo de quase 40 mil metros quadrados? A resposta está em sua incrível competência e incansável dedicação à excelência.

"Gosto de 'quebrar a cabeça'", diz Bob. "Estou sempre tentando aprimorar o processo." O foco desse desejo vai além de simples violões. Na verdade, Bob Taylor introduziu inúmeras inovações na criação de violões. Contudo, o verdadeiro foco de Bob está no processo de fabricação e nas pessoas que fazem os instrumentos. "Bons violões são, de fato, o resultado de boas ferramentas e de boas instalações", explica Bob. "E, sem dúvida, o pessoal é muito importante. Formar a equipe é tão importante quanto a criação do produto. É preciso deixar que as pessoas sejam uma equipe, o que significa criar um ambiente onde elas digam o que realmente pensam. Você não pode ser muito dogmático." Essa atitude permitiu que as melhores idéias chegassem até ele e fossem concretizadas.

> **Formar a equipe é tão importante quanto a criação do produto.**
>
> – Bob Taylor

Bob observa: "Uma das coisas que descobri com as pessoas é que elas não querem mais uma pessoa na equipe. Uma vez que estão na equipe, elas querem mantê-la do modo como está. Dizem que estão fazendo isso para preservar a qualidade. No entanto, eu digo a elas: 'Vocês não acham que tenho a mesma preocupação? Se eu pensasse como vocês, vocês não estariam na equipe'. Para continuar a melhorar, é preciso deixar que outras pessoas venham para a equipe e que a qualidade do produto sofra por um tempo. É um esforço constante que deve ser feito."

É fácil falar em deixar a qualidade sofrer a curto prazo quando sua competência é tão grande e seu produto é tão bom que, mesmo que saia ruim, ainda assim será melhor do que a maioria dos produtos da área. Mas essa disposição para arriscar e inovar ainda compensa quando o resultado são violões melhores. Nesse exato momento, Bob e sua equipe estão trabalhando em sua mais recente inovação na área

> ... a inspiração é fácil. O difícil é a concretização.
>
> – Bob Taylor

de amplificação de violões acústicos. "Estamos há quase um ano no processo de projetar *pick-ups* [dispositivos eletrônicos que 'melhoram' o som de um violão], e vamos levar mais um ano. É o mais próximo de uma invenção pura que já chegamos. Começamos com alguns esboços em uma folha de papel em branco e perguntamos: 'O que queremos?' Agora estamos criando aquilo que queríamos", diz Bob.

E continua: "Você sabe, a inspiração é fácil. O difícil é a concretização." Talvez a concretização não seja fácil, mas Bob ainda tem sucesso por causa de sua competência e dedicação em cumprir seus projetos.

Minét, a filha de Bob, resume a capacidade do pai: "Ele tem o maravilhoso desejo de sempre melhorar as coisas. Se há um jeito de melhorar, ele tem uma capacidade de antevê-lo... Outro dia, ele disse que ainda está desenvolvendo idéias que tem desde os 19 anos... e que provavelmente morrerá antes de usar todas elas."[1] Quando você traz esse tipo de habilidade para a equipe, como ela pode não dar certo?

■ REFORÇO

Bob Taylor não é um sujeito vaidoso. Ele fala num tom baixo, e se você o visse na rua, provavelmente não imaginaria que ele tem uma empresa que ganhou 30 milhões de dólares em 1999.[2] Mas se passasse algum tempo com ele, reconheceria de imediato sua incrível competência.

O termo *competente* por vezes é usado no sentido de "pouco mais que adequado". Quando falo sobre a qualidade da competência que se deseja nos membros de uma equipe, refiro-me à sua definição mais básica: "Estar bem qualificado, ajustar-se." Membros de equipe competentes são muito capazes e altamente qualificados para fazer um bom trabalho.

Pessoas altamente competentes têm algumas qualidades em comum:

1. Elas estão comprometidas com a excelência

John Johnson, em *Christian Excellence*, escreve: "O sucesso é a base de nosso valor em comparação com os outros. A excelência mede nosso valor avaliando-nos de acordo com nosso próprio potencial. O sucesso concede suas recompensas a poucos, mas é o sonho das multidões. A excelência está à disposição de todos os seres vivos, mas é aceita por... poucos." Bob Taylor diz que se pode permitir um lapso na qualidade quando novas pessoas estão na equipe porque os padrões dele já são tão altos que um pequeno deslize não o prejudica muito. Ele e seu pessoal estão perfeitamente comprometidos com a excelência.

> O sucesso é a base de nosso valor em comparação com os outros. A excelência mede nosso valor avaliando-nos de acordo com nosso próprio potencial. O sucesso concede suas recompensas a poucos, mas é o sonho das multidões. A excelência está à disposição de todos os seres vivos, mas é aceita por... poucos.
>
> — John Johnson

2. Elas nunca se contentam com a média

O termo *medíocre* literalmente significa "na metade da escalada de uma montanha cheia de pedras". Ser medíocre é fazer um trabalho pela metade, ou seja, ficar bem longe do pico. Pessoas competentes nunca se contentam com a média. Concentram sua energia e seus esforços naquilo que fazem bem, dando o máximo de si.

3. Elas prestam atenção em detalhes

Dale Carnegie disse: "Não tenha medo de fazer o máximo em um trabalho que parece menor. Toda vez que conquista um trabalho pequeno, você se torna muito mais forte. Se você faz pequenos trabalhos de modo satisfatório, os grandes normalmente caminham sozinhos." Quando Bob começou a fazer violões, foi ele quem fez todos os trabalhos pequenos. Agora ele trabalha mais como líder de equipe e *designer* de processos e equipamentos de fabricação. Contudo, ele e seu pessoal ainda prestam atenção nos detalhes. Foi isso que lhes conferiu a posição que conquistaram no ramo: Taylor é o maior produtor de violões acústicos do mundo.

4. Elas desempenham o trabalho com consistência

Pessoas altamente competentes desempenham seu trabalho com muita consistência. Dão o melhor de si o tempo todo, e isso é o que importa. Se 99,9% fosse suficiente, 811 mil rolos defeituosos de filmes de 35 milímetros seriam utilizados neste ano, 22 mil cheques seriam debitados das contas bancárias erradas nos próximos 60 minutos e 12 recém-nascidos seriam entregues aos pais errados somente hoje.[3]

Não sou músico, mas já me disseram que se você experimenta vários instrumentos idênticos fornecidos pela maioria dos fabricantes de violão, encontrará alguns bons, muitos dentro da média e poucos que realmente não prestam. Mas um amigo produtor/compositor diz que se você adquirir um violão Taylor, nunca encontrará um modelo ruim dessa marca. Isso é consistência.

■ REFLEXÃO

Uma das coisas que Bob Taylor diz a seu próprio respeito é que ele é bom em "editar a si mesmo". Ele faz bem o que faz, sempre perseverando e extraindo o melhor – e deixa de fazer o que não faz bem. Será que você pode se descrever da mesma forma? Você concentra sua energia naquilo que pode fazer bem para que se torne altamente competente? Os membros de sua equipe dependem de você de tal modo a trazer o sucesso para toda a equipe? Se não, talvez seja preciso concentrar-se melhor e desenvolver as habilidades de que você precisa para que possa fazer bem seu trabalho.

■ COMPREENSÃO

Para melhorar sua competência:

- **Concentre-se profissionalmente.** É difícil desenvolver a competência se você estiver tentando fazer tudo. Escolha uma área para especializar-se. Bob acredita que não teria sucesso em outra coisa que não fosse administrar a Taylor Guitars. Em que você consegue reunir suas habilidades, interesses e oportunidades? Seja o que for, invista nisso.

- **Preocupe-se com as coisas pequenas.** Muitas pessoas não levam seu trabalho até onde elas são capazes. Para isso, é preciso desenvolver uma habilidade para pôr todos os detalhes em ordem. Isso não significa ser um microgerente ou um mestre em controle. Significa fazer os 10% que restam do trabalho que você está fazendo, independentemente do que seja. Tente fazer isso no próximo projeto ou em uma importante tarefa que está sob sua responsabilidade.

- **Dê mais atenção à concretização.** Como a concretização muitas vezes é a parte mais difícil de qualquer trabalho, dê a ela uma atenção maior. Como melhorar a lacuna que há entre sugerir idéias e colocá-las em prática? Reúna os membros de sua equipe e discuta uma possibilidade para melhorar o processo.

■ LIÇÃO DO DIA-A-DIA

Certo dia, um capitão e um rude engenheiro conversavam, quando começaram a discutir sobre qual especialidade era mais necessária à manobra do navio. A discussão ficou cada vez mais acirrada e, por fim, o capitão decidiu que eles deveriam trocar de função por um dia. O engenheiro ficaria na ponte e o capitão desceria até a casa de máquinas.

Algumas horas depois da troca, o capitão saiu suando do convés, com o rosto e o uniforme cobertos de sujeira e óleo.

— Engenheiro — ele gritou —, você precisa descer à casa de máquinas. Não consigo fazer o navio sair do lugar.

— É claro que não consegue — gritou o engenheiro. — Ele está encalhado!

6

CONFIÁVEL

AS EQUIPES PROCURAM MEMBROS ATIVOS

■

Não tenha medo daqueles que discutem,
mas daqueles que se esquivam
— Wolfram Von Eschenbach

A confiabilidade é mais do que
uma simples habilidade.
— John C. Maxwell

■ MAS DE QUEM DEPENDE O SUPER-HOMEM?

Em 1995, Christopher Reeve tinha a vida que pedira a Deus. Era casado com sua melhor amiga, Dana. Tinha três filhos maravilhosos. E sua família possuía uma casa e uma propriedade no belo condado de Westchester, em Nova York.

A impressão era de que ele podia fazer qualquer coisa que lhe passasse pela cabeça. Era um pianista talentoso que havia composto músicas clássicas. Era um homem que adorava sair e um excelente atleta: um marinheiro experiente, um piloto profissional, um excelente esquiador, mergulhador e cavaleiro.

E, sem dúvida, fez grande sucesso em sua carreira como ator. Quando adolescente, havia decidido seguir carreira no *show business* e, aos 16 anos, já contava com um agente. Freqüentou a Cornell University e a Juilliard School, aprendeu arte dramática e começou a trabalhar como ator profissional.

No Academy Awards de 1979, John Wayne virou-se para Cary Grant e lhe disse sobre Reeve: "Este é nosso novo homem. Ele está no comando [por nós]."[1] Ajudado não apenas por suas aptidões como ator, mas também por sua boa aparência e maravilhoso físico com quase 1,93 de altura, ele se tornou um astro. Em 1995, aos 42 anos, Reeve já havia atuado em dezessete longa-metragens (incluindo o sucesso *Superman*), inúmeros filmes para televisão e quase 150 peças. Tinha estabilidade financeira e conquistara a aprovação da crítica. Mas, então, sua vida virou de cabeça para baixo.

Em 27 de maio de 1995, durante uma competição de equitação em bosques, campos e trilhas, Christopher Reeve foi arremessado de seu cavalo, Buck. Bateu com a cabeça na cerca que o cavalo se recusara a pular e depois caiu no chão. Sofreu uma lesão na espinha na primeira e segunda vértebras, e sua respiração parou. Ficou paralítico do pescoço para baixo. Se os paramédicos não tivessem chegado em minutos, ele não teria sobrevivido.

Reeve não se lembra da queda. Lembra dos momentos em que passou nos estábulos alguns minutos antes de seu percurso. A próxima coisa de que se lembra é de acordar alguns dias depois no centro de unidade intensiva da University of Virginia. Durante aqueles dias intensos, os médicos mantiveram-no vivo com o auxílio de respirador artificial, estabilizaram-no e fizeram uma cirurgia para literalmente conectar sua cabeça à coluna. A lesão que Reeve sofreu é, algumas vezes, conhecida como lesão por enforcamento. Reeve, mais tarde, satirizou: "Foi como se eu tivesse sido enforcado, mutilado e mandado para a reabilitação."[2] Ele recebeu um diagnóstico de 50% de chance de sobrevivência.

É difícil para qualquer pessoa sobreviver a uma séria lesão na medula espinhal, tanto em termos emocionais como físicos. A destruição causada por uma lesão que deixa o indivíduo paralítico é incomensurável. Mas, logo depois da primeira vez que acordou, Reeve começou a entender a verdadeira importância de uma equipe.

"Quando eles me disseram qual era meu estado, tive a sensação de não ser mais um ser humano", ele lembra. "Então, Dana entrou no quarto e se ajoelhou ao lado de minha cama.

Nós nos olhamos. Eu disse: 'Talvez isso não valha a pena. Talvez o melhor seja simplesmente morrer.' E, chorando, ela disse: 'Mas você ainda é você, e eu o amo.' E foi isso que salvou minha vida."[3]

Antes do acidente, Christopher e Dana Reeve tinham um bom casamento. Mas, desde a tragédia, ambos desenvolveram uma parceria ainda mais forte. Chris, Dana e o filho Will atuam como o núcleo dessa equipe, mas também desenvolveram uma equipe maravilhosa e maior ao redor deles, formada por um exército de profissionais da área médica. Alguns ajudam Chris com rigorosas terapias físicas, exercícios e terapias respiratórias. Outros o alimentam, o vestem e lhe dão banho, além de ajudarem em outras necessidades pessoais. Alguém tem de trocá-lo de hora em hora, todas as noites, enquanto ele dorme. E ele se consulta com inúmeros especialistas regularmente.

A princípio, as pessoas que estavam à sua volta simplesmente mantinham-no vivo. Mas agora elas trabalham para mantê-lo saudável. "O que você passa a dizer para si mesmo, em vez de 'Que tipo de vida eu tenho?', é 'Que tipo de vida posso ter?' E, para sua surpresa, a resposta é: 'Mais do que aquilo que você imagina'."[4]

Reeve espera voltar a andar algum dia. Enquanto isso, entende sua necessidade de ter pessoas confiáveis em sua equipe. "Se todas as pessoas que estão por perto para ajudar-me ficassem nervosas comigo ou estivessem de mau humor, ou qualquer coisa assim, e sumissem", ele observa, "não me restaria nada a fazer. Absolutamente nada... Tudo é fruto da boa vontade. Ninguém precisa fazer nada disso; sou completamente dependente dessas pessoas."[5] É assim que funcionam as coisas em toda equipe, quer você possa ou não vê-lo tão claramente quanto Reeve. Os membros da equipe precisam ser capazes de depender uns dos outros.

■ REFORÇO

Talvez a confiabilidade nem sempre seja uma questão de vida ou morte, como é o caso de Christopher Reeve, mas certamente é importante para o sucesso de toda equipe. Você se dá conta disso quando tem em sua equipe pessoas em quem não pode confiar. Todos os membros da equipe sabem disso. Da mesma forma, você conhece aqueles em quem pode confiar.

Veja o que considero ser a essência da confiabilidade:

1. Motivos sinceros

Aristóteles acreditava que "fazemos as coisas com o olho em outra". É claro que ele acreditava que não se pode confiar nos motivos de ninguém. Não concordo com isso. Na maior parte do tempo, dou às pessoas o benefício da dúvida. Tento manter meus motivos em perspectiva e incentivo os membros de minha equipe a fazer o mesmo. Entretanto, se um membro da equipe sempre coloca a si mesmo e seus planos à frente do que é melhor para a equipe, ele não se mostra confiável. Quando o assunto é trabalho em equipe, os motivos são importantes.

2. Responsabilidade

Outra qualidade de um membro de equipe confiável é um forte senso de responsabilidade. Michael Korda, escritor de grande sucesso, sempre entre os mais vendidos do *New York Times*, enfatizou que, "em última análise, a única qualidade que todas as pessoas de sucesso têm... é a capacidade de assumir responsabilidade". A motivação expressa por que as pessoas são confiáveis, ao passo que a responsabilidade indica que elas querem ser confiáveis. O poeta Edward Everett Hale descreve esse desejo de modo marcante:

Sou apenas um,
Mas ainda sou um.
Não posso fazer tudo
Mas ainda posso fazer algo;
E como não posso fazer tudo
Não me recusarei a fazer aquilo que posso fazer.

Os membros de equipe confiáveis têm o desejo de fazer as coisas que são capazes de fazer.

> Em última análise, a única qualidade que todas as pessoas de sucesso têm... é a capacidade de assumir responsabilidade.
> — Michael Korda

3. Raciocínio lógico

Gene Marine, editor da revista *Bellefontaine Examiner*, certa vez enviou um repórter esportivo inexperiente para cobrir um importante jogo, mas, ao retornar, o jovem não tinha nenhuma história. Marine quis saber a razão, e o repórter simplesmente respondeu:

— Não houve jogo.

— Não houve jogo? O que aconteceu? — perguntou Marine.

— O estádio desmoronou — respondeu o repórter.

— Então, onde está a história sobre o desmoronamento do estádio? — perguntou o editor.

— Essa não era minha tarefa, senhor — respondeu o repórter.

A possibilidade de um novo furo jornalístico foi por água abaixo por causa da incapacidade do jovem de pensar de forma adequada.

A confiabilidade significa mais do que simplesmente ter desejo de assumir responsabilidade. Esse desejo também deve estar associado a um bom julgamento para que tenha verdadeiro valor para a equipe.

4. Contribuição consistente

A última qualidade de um membro de equipe confiável é a consistência. Se você nem sempre pode confiar nos membros da equipe, então, de fato, não pode confiar neles em nenhum momento. Consistência requer mais do que talento. Requer uma grandeza de caráter que permita às pessoas ir até o fim – independentemente de quanto estejam cansadas, distraídas ou arrasadas. Como disse Winston Churchill, eloqüente e firme primeiro-ministro da Grã-Bretanha no século XX: "Não basta fazer o melhor; às vezes, é preciso fazer o que é necessário."

> Não basta fazer o melhor; às vezes, é preciso fazer o que é necessário.
>
> – Winston Churchill

■ REFLEXÃO

Os membros de sua equipe podem confiar em você? Podem confiar em seus motivos? Você toma boas decisões nas quais os outros podem confiar? E executa seu trabalho com consistência, mesmo quando não tem vontade de fazê-lo? Você é um membro ativo, ou os membros de sua equipe trabalham ao seu lado na hora do aperto?

■ COMPREENSÃO

Para melhorar sua confiabilidade:

- **Veja seus motivos.** Se você nunca colocou suas metas no papel, pare e faça isso antes de continuar a leitura. Agora, observe-as. Quantas beneficiam as equipes das quais você faz parte – sua família, a organização para a qual trabalha, o grupo de voluntários, os outros jogadores de seu time de futebol? Quantas só beneficiam você? Dedique algum tempo para alinhar suas prioridades pessoais àquelas de sua equipe.

- **Descubra se confiam em sua palavra.** Faça a seguinte pergunta para cinco membros da equipe: "Quando digo que pretendo fazer algo, quanto vocês confiam em minha palavra, em uma escala de 1 a 10?" Inclua um chefe e um subordinado em sua análise, se possível. Se as respostas que obtiver não corresponderem às suas expectativas, não se defenda. Simplesmente peça exemplos de forma não ameaçadora. Se a média de respostas for inferior a nove ou dez, então comece a escrever seus compromissos à medida que os assumir a partir deste dia e acompanhe seu desempenho por um mês.

- **Encontre alguém a quem você preste contas.** Você tem mais chances de cumprir seus compromissos e gerar confiabilidade se tiver um parceiro para ajudá-lo. Encontre alguém por quem tenha respeito para ajudá-lo a cumprir seus compromissos.

■ LIÇÃO DO DIA-A-DIA

Em meados do século XIX, durante uma recessão econômica, muitos governos estaduais nos Estados Unidos começaram a entrar em pânico e a buscar soluções para as dificuldades financeiras. A Pensilvânia, por exemplo, simplesmente se negou a pagar suas dívidas a fim de permanecer solvente, a despeito do que muitos consideravam ser uma posição financeira relativamente firme.

Quando a assembléia legislativa do Estado de Ohio considerou a possibilidade de seguir o exemplo da Pensilvânia, Stephen Douglas, então senador dos Estados Unidos que concorrera, sem sucesso, à presidência, tentou impedi-la. Infelizmente, na época, ele estava muito doente e confinado a uma cama. Mas Douglas era determinado. Foi à assembléia legislativa do Estado em uma maca e, deitado, o "Pequeno Gigante", como era conhecido, pronunciou-se contra a política. Graças a seus esforços, a assembléia legislativa decidiu não faltar com suas obrigações; pelo contrário, ela as cumpriu. Passado o período de dificuldades financeiras, o Estado prosperou. Especulou-se que uma das razões foi que a confiabilidade do governo ajudou a preparar o terreno para a prosperidade econômica.

Nunca subestime os benefícios de longo alcance que a confiabilidade pode trazer.

7

DISCIPLINADO

ONDE HÁ VONTADE, HÁ SUCESSO

É provável que o que fazemos em alguma ocasião importante dependa do que já somos; e o que somos será resultado de anos passados de autodisciplina.

— H. P. Liddon

Disciplina é o fogo purificador pelo qual o talento se transforma em capacidade.

— Roy L. Smith

■ COMO SE FAZ UM VENCEDOR

Em seu livro *The Life God Blesses*, meu amigo Gordon MacDonald conta uma história sobre suas experiências na equipe de corrida da Universidade do Colorado, no final da década de 1950. Em particular, ele se lembra dos difíceis treinos que fazia com um integrante da equipe chamado Bill. "Até hoje as lembranças de nossos treinos nas tardes de segunda me dão aflição. As lembranças são duras porque os treinos também eram. Quando aqueles treinos às segundas acabavam, eu ia cambaleando para o vestiário, tamanho o cansaço", diz Gordon.

Contudo, Bill era diferente. Sem dúvida, aqueles treinos também eram pesados para ele. Quando terminava os exercícios, ele descansava na grama perto da pista. Mas depois de uns vinte minutos, enquanto Gordon tomava banho, Bill repetia todos os exercícios!

Bill não se considerava um atleta excepcional na faculdade. Durante os anos que passou na Universidade do Colorado, nunca ganhou uma medalha em campeonatos universitários do país, nem era considerado uma celebridade norte-americana. "Eu não era um atleta excepcional", observou Bill, "mas tinha a teoria do 'saco de surpresas'... ou seja, não há uma grande jogada que você possa fazer em seu treino ou em uma competição, mas existem milhares de coisinhas que podem ser feitas."[1]

Bill talvez não tenha causado um grande impacto durante os anos de faculdade, mas sua disciplina e seu desejo deram frutos ao longo do tempo. Suas melhores competições eram salto em distância e corrida de velocidade de quatrocentos metros. Ele continuou a desenvolver-se nestas categorias e adquiriu outras habilidades para poder competir no decatlo. Por meio de um esforço disciplinado e um constante progresso, o atleta universitário pouco espetacular que havia treinado ao lado (e à frente) de Gordon MacDonald tornou-se um atleta conhecido em todo o mundo. Bill não era outra pessoa senão Bill Toomey, o decatleta indicado para o Rol da Fama Olímpico em 1984. Ele marcou um recorde mundial no decatlo em 1966, ganhou uma medalha de ouro nas Olimpíadas de Tóquio em 1968 e venceu cinco competições consecutivas em decatlo – um feito que ainda tem de ser batido em seu esporte.

O que permitiu a Toomey chegar a esse grande feito foi sua disciplina. A percepção de Gordon MacDonald diz tudo: "A diferença entre nós dois começou nas segundas à tarde, durante os treinos. Ele não tinha medo de disciplina e fazia o máximo; eu tinha medo de disciplina e fazia o mínimo."[2]

■ REFORÇO

Disciplina é fazer o que você de fato não quer fazer para que possa fazer o que realmente deseja. É pagar o preço nas pequenas coisas para poder conquistar aquilo que é grandioso. E assim como nenhum indivíduo tem sucesso sem disciplina, nenhuma equipe tem. É por isso que a equipe precisa de membros disciplinados. Para tornarem-se o tipo de pessoa que as equipes desejam, as pessoas precisam desenvolver disciplina em três áreas. Precisam ter:

1. Pensamento disciplinado

É impossível ir longe na vida sem usar a cabeça. Para isso, não é preciso ser um gênio; basta apenas usar a cabeça que Deus lhe deu. O dramaturgo George Bernard Shaw observou: "Algumas pessoas pensam mais de duas ou três vezes por ano; ganhei reputação internacional pensando uma ou duas vezes por semana." Se você mantiver sua mente ocupada, aceitar regularmente desafios mentais e pensar sempre nas coisas certas, desenvolverá o pensamento disciplinado que o ajudará naquilo que você se propõe a fazer.

> Disciplina é fazer o que você de fato não quer fazer para que possa fazer o que realmente deseja.

2. Emoções disciplinadas

As pessoas têm apenas duas alternativas quando o assunto diz respeito às emoções: elas podem controlar suas emoções ou ser controladas por elas. Isso não significa que, para ser um bom membro de equipe, você não pode ter sentimentos. Mas significa que você não deve deixar que seus sentimentos o impeçam de fazer aquilo que deveria fazer ou o incentivem a fazer coisas que não deveria.

Um exemplo clássico do que pode acontecer quando uma pessoa não disciplina suas emoções pode ser visto na vida do mito do golfe Bobby Jones. Como o Tiger Woods de hoje, Jones era um prodígio no golfe. Começou a jogar em 1907, aos 5 anos. Aos 12 anos, ele já pontuava abaixo do PAR (ou seja, do número de tacadas que um jogador necessita para embocar

> As pessoas têm apenas duas alternativas quando o assunto diz respeito às emoções: elas podem controlar suas emoções ou ser controladas por elas.

a bola em determinado buraco), um feito que a maioria dos jogadores de golfe não consegue durante uma vida praticando o esporte. Aos 14 anos, ele se qualificou para o Campeonato de Amadores dos Estados Unidos. Mas Jones não venceu naquele evento. Seu problema pode ser mais bem descrito pelo apelido que ganhou: "Lançador de tacos." Jones quase sempre perdia a paciência – e a capacidade de jogar bem.

Um jogador de golfe mais velho, a quem Jones chamava de vovô Bart, aconselhou o jovem: "Você nunca vencerá a menos que possa controlar esse seu temperamento." Jones aceitou o conselho e começou a trabalhar para disciplinar suas emoções. Aos 21 anos, Jones despontou e passou a ser um dos maiores jogadores de golfe da história, aposentando-se aos 28 anos, após conquistar a maior vitória no golfe. O comentário de vovô Bart resume a situação: "Bobby tinha 14 anos quando dominava o jogo de golfe, mas foi aos 21 anos que conseguiu dominar a si mesmo."

3. Ações disciplinadas

Albert Hubert disse: "Aqueles que desejam leite não devem sentar-se em um banquinho no meio do pasto e esperar que a vaca venha até eles." Estimular a mente e controlar as emoções é importante, mas pára por aí. A ação separa os vencedores dos perdedores. O corredor que faz corridas de velocidade, o advogado que investiga casos, o médico que se mantém concentrado na sala de emergência, o pai que chega em casa cedo depois de ter prometido não trabalhar até tarde são pessoas que praticam uma ação disciplinada. E quando elas fazem isso, outras pessoas que dependem delas saem lucrando.

■ REFLEXÃO

Como você se sai quando o assunto é disciplina? Você aceita desafios mentais e físicos só para se exercitar? Ou está sempre buscando um modo de ficar em sua zona de conforto? Você às vezes se arrepende de ter sido incapaz de conseguir fazer aquilo que sabe que é certo? Ou, na maioria das vezes, acredita que faz o que está a seu alcance? E como você reage quando está sob pressão? As pessoas de sua equipe esperam um esforço extra ou um súbito ataque de nervos de sua parte quando as coisas saem errado? Suas respostas a essas perguntas mostrarão se você está vencendo a batalha da disciplina.

> Aqueles que desejam leite não devem sentar-se em um banquinho no meio do pasto e esperar que a vaca venha até eles.
>
> – Albert Hubert

■ COMPREENSÃO

Para tornar-se um membro de equipe mais disciplinado:

- **Fortaleça seus hábitos de trabalho.** O biólogo e educador Thomas Huxley observou: "Talvez o resultado mais valioso de toda a educação seja sua capacidade de obrigar-se a fazer a coisa que tem de fazer, quando ela deve ser feita, quer você goste, quer não; é a primeira lição que deve ser aprendida e, por mais cedo que comece a preparação de um homem, esta provavelmente vai ser a última lição que ele aprende a fundo." Disciplina significa fazer as coisas certas no momento certo pela razão certa. Reveja suas prioridades e desempenho para ver se você está no caminho certo. E faça algo necessário, mas que não lhe agrada, todos os dias para manter-se disciplinado.

> Disciplina significa fazer as coisas certas no momento certo pela razão certa.

- **Aceite um desafio.** Para fortalecer sua mente e determinação, aceite uma tarefa ou um projeto que está além de sua capacidade. Para isso, é preciso pensar com clareza e agir com disciplina. Continue a fazê-lo e você se verá capaz de ir além do que imaginava.

- **Controle sua língua.** Se você às vezes reage emocionalmente de modo exagerado, o primeiro passo para melhorar é parar de dizer coisas que não deveria. Da próxima vez que você quiser rasgar o verbo, controle sua língua por cinco minutos e dê a si mesmo a chance de se acalmar e observar as coisas de modo mais racional. Utilize essa estratégia várias vezes e você controlará melhor suas emoções.

■ LIÇÃO DO DIA-A-DIA

Durante o século XIV, numa região onde hoje é a Bélgica, havia um homem chamado Reynald III. Reynald era um nobre, o duque que tinha, por direito, as terras de seus ancestrais; porém, seu irmão mais novo revoltou-se contra ele e o roubou.

Seu irmão precisava tirá-lo do caminho, mas não queria matá-lo. Por isso, arquitetou um engenhoso plano. Como Reynald era um homem muito obeso, seu irmão conseguiu colocá-lo em uma sala com uma porta menor que a normal. Se perdesse peso, Reynald conseguiria sair. Na verdade, o irmão usurpador prometeu a Reynald que, se ele saísse da sala, teria de volta sua liberdade e seu título.

Mas Reynald não era um homem de disciplina, e seu irmão sabia disso. Todos os dias, o irmão mandava que fossem levados pratos deliciosos à sala de seu irmão mais velho. E Reynald comia. Na realidade, em vez de ficar mais magro, ele engordava cada vez mais.

Uma pessoa sem disciplina está em uma prisão sem grades. Seus hábitos fazem de você um prisioneiro?

8

Expansivo

Valorizar os membros da equipe não tem preço

O propósito da vida não é vencer. É crescer e compartilhar. Quando você pensar em tudo o que já fez na vida, terá mais satisfação na alegria que proporcionou à vida de outras pessoas do que nos momentos em que as superou e as venceu.

— Rabino Harold Kushner

A maioria das pessoas fica estagnada quando perde a tensão entre onde está e onde deveria estar.

— John Gardiner

■ CORAÇÃO VALENTE

Em 1296, o rei Eduardo I da Inglaterra reuniu um grande exército e cruzou a fronteira de seu próprio país rumo à Escócia. Eduardo era um experiente líder e impetuoso guerreiro. Alto e forte, ele havia ganhado sua primeira experiência verdadeira em combates assim que completou 25 anos. Nos anos que se seguiram, ele se tornou um veterano experiente enquanto lutava nas Cruzadas nas Terras Santas.

Aos 27 anos, ele já era forte por causa de suas vitórias em Gales, cujo povo havia subjugado, anexando a terra. Naquele conflito, seu objetivo era claro: "Deter a impetuosa imprudência dos galeses, castigar sua presunção e declarar guerra contra eles a fim de que sejam exterminados."[1]

Por um tempo, Eduardo havia tentado manipular o destino da Escócia. Conseguiu assenhorear-se do território e depois colocou um rei fraco para governá-lo, um homem a quem o povo da Escócia chamou de Toom Tabard, que significa "casaco vazio". Então, Eduardo passou a ameaçar o rei testa-de-ferro até que ele se rebelou, dando, assim, à monarquia inglesa uma razão para invadir o país. O povo escocês caiu.

Eduardo saqueou o castelo de Berwick e massacrou seus habitantes. Outros castelos renderam-se logo em seguida. O rei escocês foi destituído do poder e muitos acreditavam que o destino dos escoceses seria o mesmo que o dos galeses. Entretanto, não levaram em conta os esforços de um homem: Sir William Wallace, que ainda é respeitado como um herói nacional na Escócia, embora tenha sido morto há quase setecentos anos.

Se você já assistiu ao filme *Coração Valente*, então tem uma idéia de William Wallace como um guerreiro ferrenho e determinado que valorizava a liberdade acima de todas as coisas. Esperava-se que seu irmão mais velho, Malcolm, como primogênito, seguisse os passos do pai como guerreiro. William, como muitos filhos que nasciam logo depois do primogênito, estava sendo preparado para o sacerdócio e ensinado a valorizar idéias, inclusive a liberdade. No entanto, cresceu com ódio da opressão dos ingleses depois de seu pai ter sido morto em uma emboscada e sua mãe forçada a viver no exílio. Aos 19 anos, na tentativa de ser intimidado por um grupo de ingleses, tornou-se um guerreiro. Aos vinte e poucos anos, William já era um guerreiro extremamente habilidoso.

> A avaliação mais importante de meu bom desempenho em um jogo está no quanto consegui fazer meus colegas de equipe jogar melhor.
>
> – Bill Russell

Durante a época de William Wallace e Eduardo I, as guerras normalmente eram conduzidas por cavaleiros treinados, soldados profissionais e, às vezes, por mercenários. Quanto maior e mais experiente fosse o exército, maior era seu poder. Quando Eduardo viu-se diante do pequeno exército de galeses, eles não tiveram sequer uma chance. E o mesmo esperava-se com relação aos escoceses. Contudo, Wallace tinha uma habilidade incomum. Ele atraía o povo comum da Escócia para si, fazia com que eles acreditassem na causa da liberdade e os inspirava e preparava para lutar contra a máquina de guerra profissional da Inglaterra.

William Wallace, por fim, não pôde derrotar os ingleses e conquistar a independência da Escócia. Aos 33 anos, foi brutalmente executado. (Sua execução foi, na verdade, pior do que aquela mostrada no filme *Coração Valente*.) Mas seu legado de expansão persistiu. No ano seguinte, inspirado pelo exemplo de Wallace, o nobre Robert Bruce reivindicou o trono da Escócia e ajuntou não apenas os camponeses, mas também a nobreza. E em 1314, a Escócia finalmente conquistou sua tão disputada independência.

■ REFORÇO

Os membros de equipe sempre gostam e admiram aquele membro capaz de ajudá-los a passar para outro nível, alguém que os faça crescer e os capacite para que tenham sucesso. Esse tipo de pessoa é como Bill Russell, pivô do Boston Celtics, cujo nome figura no Rol da Fama, que disse: "A avaliação mais importante de meu bom desempenho em um jogo está no quanto consegui fazer meus colegas de equipe jogar melhor."

Membros que fazem seus colegas de equipe crescer têm várias coisas em comum:

1. Aqueles que fazem os membros de sua equipe crescer os valorizam

O industrial Charles Schwab observou: "Ainda estou para encontrar o homem, por mais elevada que seja sua posição, que não fez um trabalho melhor e concentrou um esforço maior sob um espírito de aprovação do que sob um espírito de crítica." Os membros de sua equipe podem dizer se você acredita neles. O desempenho das pessoas normalmente reflete as expectativas daqueles a quem elas respeitam.

2. Aqueles que fazem os membros de sua equipe crescer valorizam o que esses membros valorizam

Membros que fazem os outros crescer vão além de simplesmente valorizar seus colegas de equipe; eles entendem o que os membros de sua equipe valorizam. Prestam atenção para descobrir do que esses membros falam e observam em que eles gastam dinheiro. Esse tipo de conhecimento, associado a um desejo de relacionar-se com seus colegas, cria uma forte ligação entre os membros da equipe. E é isso que torna possível a próxima característica de alguém que faz os outros crescer.

3. Aqueles que fazem os membros de sua equipe crescer aumentam o valor deles

Dar valor é realmente a essência da atitude de fazer os outros crescer. É encontrar formas de ajudar os outros a melhorar suas habilidades e atitudes. Alguém que faz os outros crescer procura dons, talentos e qualidades únicas nas outras pessoas e, em seguida, as ajuda a desenvolver essas habilidades para o bem delas e de toda a equipe. Alguém que faz os outros crescer é capaz de levá-los para um nível completamente novo.

4. Aqueles que fazem outros crescer tornam-se mais valiosos

Eles se esforçam para melhorar, não apenas porque isso os beneficia em termos pessoais, mas também porque os ajuda a auxiliar os outros. Você não pode dar aquilo que não tem. Por exemplo, no basquete, um grande jogador como Karl Malone é auxiliado por um grande armador como John Stockton, líder auxiliar de toda a equipe. Se você quiser aumentar a habilidade de um membro de equipe, torne-se melhor.

■ REFLEXÃO

> Ninguém se engana mais do que o egoísta.
> – Henry Ward Beecher

Como os membros de sua equipe vêem você? Você é alguém que os faz crescer? Você faz com que eles sejam melhores do que quando estão sozinhos, por meio de sua inspiração e contribuição? Você sabe o que os membros de sua equipe valorizam? Você capitaliza essas coisas, dando valor a eles naquelas áreas?

Tornar-se alguém que faz os outros crescer nem sempre é fácil. Primeiro, é preciso ter segurança para dar valor aos outros. Se você realmente acredita que ajudar os outros de alguma forma é algo que prejudica você ou suas oportunidades de sucesso, então terá dificuldade para fazer os outros crescer. Mas, como insistiu Henry Ward Beecher: "Ninguém se engana mais do que o egoísta." Quando um membro de equipe generosamente faz os outros crescer, o mesmo também acontece com ele.

■ COMPREENSÃO

Se você deseja ser alguém que faz sua equipe crescer, faça o seguinte:

- **Acredite nos outros antes de eles acreditarem em você.** Se você deseja ajudar as pessoas a melhorar, é você quem tem de dar o pontapé inicial. Você não pode hesitar. Pergunte para si mesmo: *O que há de especial,* *único e maravilhoso naquele membro da equipe?* Em seguida, compartilhe suas observações com essa pessoa e com outros. Se você acredita nos outros e lhes dá uma reputação positiva que os sustente, pode ajudá-los a ser melhores do que você pensa que são.

- **Sirva aos outros antes que eles o sirvam.** Um dos serviços mais benéficos que você pode realizar é ajudar outros seres humanos a atingir o potencial deles. Em sua família, sirva a seu cônjuge. Arrume tempo e recursos para experiências que enriquecem. No campo de futebol, encontre uma forma de passar a bola para um de seus companheiros. Nos negócios, ajude seus colegas a sobressair. E, sempre que possível, dê crédito aos outros para o sucesso da equipe.

- **Dê valor aos outros antes que eles valorizem você.** Uma verdade básica da vida é que as pessoas sempre seguirão aqueles que as animam e sempre se afastarão daqueles que as desvalorizam. Você pode fazer os outros crescer, mostrando os pontos fortes deles e ajudando-os a concentrar-se em seu aperfeiçoamento. Mas lembre-se: incentive e motive pessoas fora da zona de conforto delas, mas nunca fora da área delas. Se tentar incentivar as pessoas para que trabalhem em áreas em que elas não têm talento, você só vai frustrá-las.

■ LIÇÃO DO DIA-A-DIA

Até onde conseguia se lembrar, um garoto chamado Chris Greicius sonhava em tornar-se, um dia, um oficial de polícia. Mas havia um grande obstáculo em seu caminho. Ele tinha leucemia e não tinha chances de chegar à fase adulta. Aos 7 anos, a luta de Chris contra a doença ficou pior, e foi quando um amigo da família, que era um inspetor da alfândega dos Estados Unidos, deu um jeito de aproximar Chris o máximo possível de realizar seu sonho. Ele telefonou para o oficial Ron Cox, em Fênix, e combinou de levar Chris para passar o dia com os oficiais do Departamento de Segurança Pública do Arizona.

Quando o dia chegou, Chris foi recebido por três carros de polícia e uma moto da polícia dirigida por Frank Shankwitz. Em seguida, foi convidado para dar uma volta em um helicóptero da polícia. Eles terminaram o dia prestando juramento a Chris como o primeiro – e único – policial honorário do Estado. No dia seguinte, Cox solicitou a colaboração da empresa que fazia os uniformes da Patrulha Rodoviária do Arizona, e em 24 horas seu pessoal presenteou Chris com um uniforme oficial da guarda. Chris ficou eufórico.

Dois dias depois, Chris morreu no hospital com seu uniforme à mão. O oficial Shankwitz ficou triste com a morte de seu amiguinho, mas deu graças a Deus por ter tido a oportunidade de ajudá-lo. E também percebeu que havia muitas crianças nas mesmas condições que a de Chris. Isso levou Shankwitz a ser co-fundador da Fundação Make-A-Wish (Faça um Pedido). Ao longo dos vinte anos que se passaram depois do incidente, ele e sua organização ampliaram as experiências de mais de oitenta mil crianças.

> As pessoas sempre seguirão aqueles que as animam e sempre se afastarão daqueles que as desvalorizam.

Não há nada tão valioso – ou gratificante – quanto dar valor à vida dos outros.

9

Entusiástico

Seu coração é a fonte de energia da equipe

Tenho pena da pessoa que não consegue ficar realmente entusiasmada com seu trabalho. Não só ela jamais ficará satisfeita como também nunca alcançará algo que valha a pena.

— Walter Chrysler

Nada grandioso foi conseguido sem entusiasmo.

— Ralph Waldo Emerson

■ AMANTES DO HOG

A paixão deles é famosa, assim como o objeto de sua paixão. Muitos deles são membros de uma organização chamada HOG. E em junho de 1998, mais de 140 mil deles andaram pelas ruas de Milwaukee, Wisconsin, para celebrar seu amor. Eles são proprietários de motos Harley-Davidson.

Junho de 1998 marcou o nonagésimo quinto aniversário da Harley-Davidson Motor Company, uma organização que teve início quando William S. Harley, de 21 anos, e seu velho amigo Arthur Davidson, de 20 anos, decidiram colocar motores em bicicletas em um pequeno galpão de madeira, em 1903. Naquele primeiro ano, eles fizeram à mão e venderam três motocicletas. Não demorou muito para terem sucesso e expandirem sua empresa. A cada ano, eles produziam mais veículos.

Quando a corrida de motocicletas surgiu e ganhou popularidade, a Harley-Davidson prevalecia. Quando a Primeira Guerra Mundial explodiu, os aliados logo descobriram o valor das motocicletas no esforço de guerra. A Harley-Davidson estima que a empresa forneceu grande parte das vinte mil motos usadas pelo exército norte-americano na guerra. E após a assinatura do cessar-fogo, o primeiro norte-americano a entrar na Alemanha dirigia uma moto Harley-Davidson.[1]

Por mais de meio século, a empresa prosperou. Um de seus pontos fortes era que se tratava de um negócio de família cujos funcionários e clientes sentiam-se ligados por gostarem de motos Harley-Davidson. E a empresa continuou a crescer, a modernizar-se, a aperfeiçoar suas motocicletas e a ganhar fãs. No início da década de 1970, a Harley-Davidson abocanhava quase 80% do mercado de motocicletas grandes (com mais de 850 cilindradas) nos Estados Unidos.[2]

Entretanto, mesmo antes de a Harley-Davidson atingir seu auge, na década de 1970, a empresa começou a ter sérios problemas. No início da década de 1960, ela foi a público para angariar fundos para que pudesse modernizar, diversificar e melhor competir com os fabricantes japoneses. No final da década de 1960, a AMF comprou a empresa. Após uma história de orgulho de 65 anos, em Milwaukee, a sede da empresa mudou-se subitamente para Nova York, e a montagem final do veículo foi para a Pensilvânia. A equipe da Harley-Davidson ficou arrasada.

Ao longo da década seguinte, a reputação da Harley-Davidson diminuiu. As motocicletas perderam notoriamente a credibilidade. Oficiais de polícia de repartições de todas as partes do país, que antes tinham orgulho de andar nos veículos feitos pela empresa norte-americana, começaram a comprar produtos japoneses, que eram mais baratos e mais confiáveis. Por volta de 1980, a Harley-Davidson contava com um pouco mais de 30% de um mercado que antes monopolizava. E, pela primeira vez em sua história, a empresa perdeu dinheiro. O futuro da Harley-Davidson parecia obscuro.

O que salvou a Harley-Davidson foi uma das coisas que ela sempre buscou: a paixão dos funcionários e clientes pela motocicleta que levava o nome da empresa. Em 1981, treze antigos executivos da empresa a compraram, inclusive Vaughn Beals, um aficionado pela Harley desde a Segunda Guerra Mundial, que administrava a divisão de motos da AMF. Eles logo começaram a recuperar a Harley-Davidson. Simplificaram operações, aprimoraram métodos de fabricação e introduziram novos produtos. Além disso, aproveitaram o entusiasmo dos proprietários da Harley, criando o Harley Owners Group (HOG) – Grupo de Proprietários da Harley –, que conta com mais de 600 mil membros hoje. Em 1985, a Harley-Davidson obteve lucro pela primeira vez depois de cinco anos.

Muitas pessoas deixaram a empresa durante aqueles anos, mas os funcionários que permaneceram foram dedicados. Nos anos seguintes, a Harley-Davidson decidiu aproveitar o compromisso, o conhecimento e o entusiasmo que eles tinham em uma única parceria que começou entre trabalho e administração, e que depois se expandiu a fim de incluir tudo aquilo que a empresa identifica como seus vários participantes: clientes, funcionários, fornecedores, acionistas, governo e sociedade. Hoje, o entusiasmo e a parceria estão rendendo frutos. A Harley-Davidson fabrica e vende mais de 200 mil veículos em várias partes do mundo, todos os anos, com vendas líquidas de mais de 2,9 bilhões de dólares.[3]

REFORÇO

> As pessoas podem ter sucesso em quase tudo que as entusiasma.
>
> — Charles Schwab

O que salvou a Harley-Davidson? Em minha opinião, foi o entusiasmo. Foi o entusiasmo de Beals e de outros doze executivos que compraram a empresa e impediram que afundasse, em 1981. Foi o entusiasmo dos funcionários que continuaram na empresa sob circunstâncias difíceis, com o intuito de produzir motos melhores, uma vez que 40% da mão-de-obra da organização foram cortados. E, sem dúvida, foi o entusiasmo dos clientes – que há muito consideravam uma Harley-Davidson o top das motos – que fez da empresa o sucesso financeiro que é hoje.

Nada substitui o entusiasmo. Quando os membros de uma equipe têm entusiasmo, toda a equipe fica cheia de energia. E essa energia gera força. O industrial Charles Schwab observou: "As pessoas podem ter sucesso em quase tudo que as entusiasma."

Pessoas positivas são positivas porque esta é a opção delas.

Pense nas pessoas que trazem uma atitude entusiástica para o trabalho em equipe e você perceberá que elas:

1. Assumem responsabilidade por seu próprio entusiasmo

Pessoas de sucesso entendem que a atitude é uma opção – e isso inclui entusiasmo. Pessoas que esperam que forças externas as ajudem a despertar seu entusiasmo estão sempre à mercê de outras pessoas. É provável que fiquem entusiasmadas ou desanimadas com base naquilo que está acontecendo à volta delas em determinado momento. Entretanto, pessoas positivas são positivas porque esta é a opção delas. Se quiser ser positivo, otimista e entusiasmado, você precisa assumir a responsabilidade de ser dessa forma.

2. Transformam ação em sentimento

É impossível ter sucesso se você não começar a se mexer. Essa é uma das razões por que você precisa transformar a ação em sentimento. Você não pode quebrar um círculo de apatia esperando ter vontade de fazê-lo. Tratei de uma questão semelhante no livro *Dando a Volta por Cima*:

> As pessoas que querem sair do ciclo do medo geralmente crêem que precisam eliminá-lo para romper o círculo. Mas [...] você não pode esperar ficar motivado para prosseguir. Para conquistar o medo, você precisa senti-lo e prosseguir de qualquer modo [...] você precisa manter-se em movimento [...] A única forma de quebrar o ciclo é encarar seus medos e tomar uma atitude, mesmo que ela seja pequena ou pareça insignificante.[4]

Da mesma forma, se quiser ser entusiástico, você precisa começar a agir como tal. Se esperar sentir para poder agir, você jamais será entusiástico.

3. Acreditam naquilo que fazem

Então, como as pessoas que não sentem entusiasmo geram entusiasmo? Uma das melhoras formas é pensar em todos os aspectos positivos de seu trabalho. Acreditar naquilo que você faz e concentrar-se nessas convicções positivas vai ajudá-lo a tomar uma atitude e falar de maneira positiva sobre o que você está fazendo. Isso ajuda a acender o fogo do entusiasmo que há em você, e, uma vez aceso, tudo o que você precisa fazer é manter as chamas acesas.

4. Passam algum tempo com outras pessoas entusiásticas

Se quiser aumentar seu entusiasmo, passe tempo com pessoas entusiásticas. O autor de livros sobre a psicologia do sucesso, Denis Waitley, diz: “O entusiasmo é contagioso. É difícil ficar neutro ou indiferente na presença de uma pessoa que pensa positivamente.” E quando você reúne toda uma equipe de pessoas entusiásticas, as possibilidades para essa equipe são infinitas.

> O entusiasmo é contagioso. É difícil ficar neutro ou indiferente na presença de uma pessoa que pensa positivamente.
>
> – Denis Waitley

■ REFLEXÃO

Bill Gates, presidente da Microsoft, observou: "O que faço melhor é compartilhar meu entusiasmo." É claro que essa habilidade trouxe às pessoas de sua empresa um grande sucesso. Se uma pergunta desse tipo fosse feita aos membros de sua equipe, eles diriam que você tem um efeito similar sobre eles? O entusiasmo aumenta as realizações de uma pessoa, enquanto a apatia aumenta suas desculpas. O que as pessoas têm maiores chances de descobrir em você?

■ COMPREENSÃO

Para melhorar seu entusiasmo:

- **Mostre um senso de urgência.** Uma boa maneira de entusiasmar-se é fazer as coisas com maior urgência. Identifique um projeto com que você não está tão entusiasmado no momento como deveria estar. Estabeleça, para você mesmo, prazos finais de conclusão das etapas desse projeto que sejam um pouco mais ambiciosos do que aqueles com os quais você se sente à vontade. Fazer isso deve ajudá-lo a ficar mais centrado e com maior energia.

- **Esteja disposto a fazer mais.** Uma maneira de demonstrar entusiasmo para os membros de sua equipe é ir um pouco além daquilo que eles esperam. Esta semana, quando alguém lhe pedir que faça alguma coisa, faça o que for necessário e um pouco mais. Depois, observe em silêncio o impacto sobre a atmosfera da equipe.

- **Esforce-se pela excelência.** Elbert Hubbard disse: "O melhor preparo para se fazer um trabalho satisfatório no dia de amanhã é fazer um bom trabalho hoje." Nada gera entusiasmo como um trabalho bem feito. Se, quando o assunto diz respeito a seus padrões de trabalho, você já se permitiu relaxar, redobre seus esforços para fazer as coisas de acordo com seus níveis mais altos de excelência.

■ LIÇÃO DO DIA-A-DIA

Eles doam seu tempo a cada mês para uma coisa que, no final, não levará mais de algumas horas. Trabalham na véspera de Ano-Novo e no dia de Ano-Novo, oferecendo espontaneamente seu tempo, em vez de ir a festas ou ficar em casa com a família. São os homens e as mulheres que constroem e decoram os carros alegóricos para o Torneio Anual do Desfile das Rosas, em Pasadena, Califórnia.

Todos os anos, mais de um milhão de pessoas formam filas ao longo do percurso do desfile, e mais de quatrocentos milhões de pessoas ficam sintonizadas na televisão para ver os coloridos carros alegóricos, cobertos de flores, do desfile que é realizado todos os anos, desde 1890. Embora muitos dos carros agora sejam criados e produzidos por empresas profissionais, alguns ainda são projetados e construídos por

> O melhor preparo para se fazer um trabalho satisfatório no dia de amanhã é fazer um bom trabalho hoje.
>
> – Elbert Hubbard

voluntários. A construção de carros vai da primavera até o mês de dezembro. E, em seguida, o carro inteiro tem de ser decorado com flores, sementes e outros artigos naturais nos dias que antecedem ao desfile.

"É muito trabalho, são muitos voluntários", explica o coordenador de um dos carros. "Levamos quase quatro mil horas para construir um carro, e provavelmente o mesmo tempo para decorá-lo."

O que faz essas pessoas continuar a serem voluntárias da equipe de montagem de um carro, ano após ano? O entusiasmo. A voluntária Pam Kontra explica: "É muito divertido. É muito trabalho, e muito tempo, mas ver [um carro alegórico] passando pela rua e dizer: 'Fui eu que fiz aquela parte ali!' é muito empolgante."[5] Esse tipo de entusiasmo dá a um indivíduo – e a uma equipe – a energia necessária para realizar até as tarefas mais difíceis.

10

INTENCIONAL

TORNAR IMPORTANTE CADA AÇÃO

■

É fácil viver no mundo de acordo com as opiniões do mundo; é fácil viver na solidão de acordo com você mesmo; mas o homem notável é aquele que, em meio à multidão, mantém, com perfeita delicadeza, a independência da solidão.

— Ralph Waldo Emerson

É preciso pensar nas "coisas grandes" ao mesmo tempo que se pensa nas pequenas, para que todas as coisas pequenas caminhem na direção certa.

— Alvin Toffler

■ QUE BONECA!

Em 2000, Margaret, minha esposa, e eu nos tornamos avós. Nossa filha, Elizabeth, e seu marido, Steve, trouxeram ao mundo uma garotinha chamada Madeline; e alguns meses depois, nosso filho, Joel Porter, e sua esposa, Elisabeth (sim, fazemos uma grande confusão também!), tiveram uma garotinha chamada Hannah. Durante anos, amigos nossos que já tinham netos diziam como era maravilhoso ser avô. Era tudo o que eles pediram e muito mais.

Margaret e eu agora temos um novo passatempo: procurar livros, brinquedos e presentes para essas duas crianças. Certo dia, Margaret chegou em casa e disse: "John, encontrei as coisinhas mais lindas para as meninas. Elas ainda não têm idade para ler, mas é uma série de livros que falam sobre a história americana, narrada por uma menina."

Ela me mostrou o catálogo. "Chama-se Coleção para Meninas Americanas", continuou ela. "Cada série cobre um período diferente da história norte-americana. Há bonecas para cada série de livros, roupas de época, acessórios e outras coisas. Tem até uma revista que as meninas poderão acompanhar."

Toda a série parecia maravilhosa para nossas netas. Fiquei curioso, também, não só por causa de minhas netas, mas porque fiquei impressionado com a empresa. Por isso, comecei a fazer uma pesquisa.

O que descobri foi uma organização chamada Pleasant Company, fundada em 1986 por Pleasant T. Rowland, uma ex-professora. Em sala de aula, Rowland ficava frustrada com os livros escolares pouco criativos que lhe eram dados, por isso começou a desenvolver seu próprio material. Posteriormente, trabalhou na área de pesquisa educacional e de publicações. Por fim, abriu sua própria empresa, quando ela e uma amiga chamada Valerie Tripp tiveram uma idéia criativa para as meninas. Rowland diz: "Como educadora, queria transmitir às meninas uma idéia do passado dos Estados Unidos e um sentimento de orgulho pelas tradições que compartilham com as meninas do passado. Como resultado desse desejo, nasceu a Coleção para Meninas Americanas."[1]

Na essência da coleção estão os livros. O processo de reunir os livros é complicado e exige um alto grau de intencionalidade a cada passo. Primeiro, as editoras da Pleasant Company criam uma proposta para um personagem a ser inserido em determinado tempo e local. Esse processo inclui informações sobre a importância do período para a história norte-americana e de que modo as meninas de hoje se relacionarão com ele. Aborda a cultura, incluindo casa, roupas, culinária e outras coisas. Além disso, identifica possíveis especialistas, autores e ilustradores que possam trabalhar no projeto. Uma vez que todo o departamento avaliou o possível projeto, as editoras escolhem o autor, e o departamento de desenvolvimento de projetos começa a pesquisar produtos que poderiam ser criados para enriquecer o processo de aprendizado das crianças.

É claro que a estratégia funcionou. A empresa teve um grande êxito, tanto educacional quanto financeiro. Até agora, a empresa vendeu 61 milhões de livros e 5 milhões de bonecas, e a revista conta com 700 mil assinantes.[2] Além disso, Pleasant Rowland recebeu inúmeros prêmios e homenagens, como, por exemplo, o reconhecimento do Institute of American Entrepreneurs (de cuja diretoria passou a fazer parte).

Como Rowland é uma empreendedora, talvez seu maior reconhecimento tenha sido quando sua empresa foi adquirida pela Mattel, em 1998, da qual ela se tornou vice-presidente. Sem dúvida, as pessoas que tomavam decisões na Mattel ficaram impressionadas com sua habilidade empresarial, senso de missão e habilidade para transformar sua visão em realidade, tornando cada passo importante por meio de uma liderança intencional.

■ REFORÇO

O que significa ser intencional? Significa trabalhar com propósito – fazer valer cada ação. No capítulo 11, falaremos sobre a consciência da missão, que está relacionada a ter em mente toda a situação. Entretanto, ser intencional é diferente. É concentrar-se em fazer as coisas certas, a cada instante, dia a dia, e, então, concluí-las de um modo consistente.

Indivíduos de sucesso são intencionais. Eles não se dispersam nem fazem as coisas por acaso. Para ter sucesso, uma equipe precisa de pessoas intencionais, que sejam capazes de se manter concentradas e produtivas, pessoas que fazem valer cada ação.

Uma pessoa que deseja ter uma vida de intencionalidade deverá:

1. Ter um propósito que valha a pena ser vivido

Ser intencional começa com um senso de propósito. Willis R. Whitney, o primeiro diretor do laboratório de pesquisa da

General Electric, disse: "Alguns homens têm milhares de razões pelas quais não podem fazer o que querem, quando tudo de que precisam é uma razão pela qual podem." Você pode ver essa forte razão na vida e no trabalho de Pleasant Rowland. Seu objetivo era educar crianças e, sobretudo, ajudar as meninas. Esse desejo tornou-se um guia para suas ações e a ajudou a construir uma empresa de trezentos milhões de dólares. Você não pode ser intencional se não tiver um forte senso de propósito.

2. Conhecer seus pontos fortes e pontos fracos

> Alguns homens têm milhares de razões pelas quais não podem fazer o que querem, quando tudo de que precisam é uma razão pela qual podem.
>
> – Willis R. Whitney

O produtor de cinema Woody Allen observou: "Independentemente daquilo em que estou trabalhando, gosto de fazer o que não estou fazendo." Embora talvez não goste de *todos* os aspectos de sua profissão, ele fez tantos filmes que deve gostar de muitas partes deles. E ele também é bom nisso. A verdade é que as pessoas gostam de fazer aquilo em que são boas. Brincar com seus pontos fortes reacende suas paixões e renova sua energia. Se você conhece a si mesmo e aquilo que faz bem, então pode controlar seu tempo e energia de um modo intencional.

3. Priorizar suas responsabilidades

Uma vez que você sabe o *porquê* de sua vida, fica muito mais fácil descobrir o *para quê* e *quando*. Henry David Thoreau, autor de *Walden*, observou: "Ninguém vem ao mundo para fazer tudo, mas para fazer algo." Isso significa saber quais são suas prioridades e sempre trabalhar de acordo com elas.

4. Aprender a dizer "não"

Outra coisa que uma pessoa intencional tem de aprender é a dizer "não". Quanto a mim, isso foi realmente difícil. Nunca deparei com uma oportunidade da qual não gostasse, por isso, meu desejo natural é dizer "sim" para tudo. Mas você não pode fazer muita coisa sem foco.

O químico John A. Widtsoe disse: "Que todo homem cante sua própria música na vida." Se você tentar fazer todas as coisas boas que aparecem em seu caminho, não sobressairá naquilo que foi criado para fazer.

> Ninguém vem ao mundo para fazer tudo, mas para fazer algo.
> – Henry David Thoreau

5. Comprometer-se com um empreendimento a longo prazo

Uma abordagem de vida a curto prazo, do tipo "ou tudo ou nada", trabalha contra muitas pessoas. Elas têm um tipo de mentalidade de loteria: ou querem ser grandes vencedores ou não querem fazer esforço algum. No entanto, grande parte das vitórias na vida é realizada por meio de pequenos sucessos gradativos, mantidos ao longo do tempo. Ter disposição para dedicar-se por um bom tempo ao processo de desempenho, em vez de dedicar-se às suas recompensas imediatas, vai capacitá-lo de modo a ser mais intencional. Isso se aplica ao crescimento pessoal, à criação de relacionamentos, ao investimento financeiro ou ao sucesso profissional.

■ REFLEXÃO

Qual é o grau de sua intencionalidade? À medida que o dia passa, você tem um plano ou um objetivo para tudo o que faz? Você sabe para onde está indo e por que está fazendo o que faz? Ou você simplesmente está sendo levado pela vida? Se os membros de sua equipe não percebem um senso de intencionalidade em você, não saberão o que esperar de você, e é improvável que contem com você quando realmente for necessário.

■ COMPREENSÃO

Para melhorar sua intencionalidade:

- **Explore seus pontos fortes e pontos fracos.** Você não pode ser intencional nem se concentrar de fato se não conhecer a si mesmo. Se você é do tipo que não faz uma introspecção, faça uma lista de seus pontos fortes e pontos fracos. Em seguida, faça uma pesquisa com familiares, amigos e colegas para ter outra visão. Quanto mais informações e *feedbacks* sinceros você puder ter, melhor.

- **Desenvolva-se em sua especialidade.** Quando compreender de fato seus pontos fortes, você será capaz de concentrar-se. Sua meta deve ser dedicar 80% de seu tempo e esforço naquilo que gera um grande retorno para você e sua equipe. Organize sua agenda diária e lista de obrigações para adequar-se o máximo possível a esse padrão.

- **Faça sua agenda com propósito.** Quanto maior for o tempo em que você puder planejar com intencionalidade, mais coisas você conseguirá fazer. Se você pensa em termos de algumas horas ou de um único dia, há muita coisa a ser feita. Seria melhor pensar em termos do que você gostaria que fosse feito em uma semana ou mês. (É bom também ter metas anuais.) Reserve um tempo nesta semana para planejar suas atividades dentro de um período de tempo maior do que aquele a que está acostumado. Se você tem o hábito de pensar em coisas em uma base diária, então faça o planejamento para uma semana. Se você normalmente faz o planejamento para uma semana, então desenvolva suas metas para um período de um mês. Isso vai ajudá-lo a ser mais intencional ao longo dos dias.

■ LIÇÃO DO DIA-A-DIA

Meu amigo Dwight Bain enviou-me uma história de um operador de rádio amador que, certo dia, ouviu por acaso um senhor aconselhando um homem mais jovem no ar.

"É uma pena você ter de ficar longe de casa e da família tantas vezes", ele disse. "Vou-lhe contar como consegui manter minhas próprias prioridades em perspectiva. Veja, um dia eu me sentei e fiz um pequeno cálculo. Em média, uma pessoa vive cerca de 75 anos. Então, multipliquei 75 por 52 e obtive 3.900, que é o número de sábados que, em média, uma pessoa tem ao longo da vida. Só pensei em tudo isso, com detalhes, aos 55 anos", ele continuou, "e, nessa época, eu já havia vivido mais de 2.800 sábados. Cheguei a pensar que, se chegasse aos 75 anos, só me restariam mil sábados para desfrutar".

Ele continuou a explicar que comprou mil bolinhas de gude e as colocou em um recipiente de plástico transparente em seu local de trabalho favorito dentro de casa. "Desde então, a cada sábado", ele disse, "tiro uma bolinha e a jogo fora.

Descobri que, ao observar as bolinhas diminuírem, concentrei-me mais nas coisas realmente importantes da vida. Não há nada como ver seu tempo aqui na terra passando para conseguir organizar suas prioridades."

Então, o velho concluiu: "Agora, deixe-me dizer uma última coisa antes de concluir e sair com minha adorável esposa para tomar café da manhã. Nesta manhã, tirei a última bolinha de gude do recipiente. Acho que, se chegar ao próximo sábado, então um pequeno tempo extra me foi concedido."

Não cabe a nós escolher se teremos mais tempo, mas podemos escolher o que fazer com ele. Se você é intencional com aquilo que tem, então aproveitará ao máximo o tempo e o talento que Deus lhe concede.

11

Consciente da Missão

A situação (toda) fica bastante clara

■

O segredo do sucesso é a fidelidade ao objetivo.
— Benjamin Disraeli

Quem tem "por que" viver é capaz
de suportar qualquer "como".
— Friedrich Nietzsche

■ COM ARMAS EM PUNHO

Estava particularmente quente e úmido no dia 28 de junho de 1778, próximo à Corte de Justiça de Monmouth, na cidade de Freehold, Nova Jersey. Este foi o dia, durante a Revolução Norte-Americana, em que o general George Washington, que passou a maior parte da guerra travando uma batalha de estratégia e movimento contra os ingleses, finalmente decidiu combater o inimigo com ação total.

Após um ataque e retirada temporária do general norte-americano Charles Lee, as forças revolucionárias reuniram-se sob as ordens do general Washington e engajaram-se em uma forte artilharia contra os ingleses. Essa foi a maior e mais longa batalha deste gênero travada durante a Revolução Norte-Americana. Durante horas, sob um sol de quase 38°C, os dois grupos adversários de artilheiros lançaram toneladas de granadas e tiros um contra o outro. Cada um dos lados lutou usando dez armas e, por um longo tempo, nenhum deles teve vantagem.

À medida que os homens lutavam, o cansaço ameaçava derrubá-los, e muitos deles pediam água. Mary Hays, a esposa do artilheiro William Hays, corria em direção às linhas de frente com água para ajudar os soldados a continuar a guerra. Era o tipo de tarefa que ela já havia feito antes. Viajava com o marido durante a guerra, como muitas esposas faziam naquela época. Cozinhava, ajudava a cuidar dos homens e até dos feridos durante as batalhas. Era tão dedicada à causa da liberdade e da derrota dos ingleses quanto qualquer soldado do exército continental. Passara até por um terrível inverno no vale Forge junto com o exército.

Neste dia, por causa do calor, levar água era uma tarefa que ocupava quase o dia todo, apesar de ela ajudar com os feridos também. Ao voltar à linha de batalha, depois de uma de suas idas a um rio, ela notou que o marido, William, que colocara a arma de lado para poder descansar, estava de volta à guerra, já que o homem que o substituíra havia sido ferido. A guerra estava tão equilibrada que os norte-americanos não podiam deixar de usar um único canhão por causa do medo de perderem a batalha.

Enquanto Mary observava, seu marido também foi pego pelo tiro do inimigo. Ele morreu. Ela não hesitou. Mary havia passado tempo suficiente com o exército para saber o que precisava ser feito. Como havia necessidade de artilheiros no batalhão, ela se aproximou e ocupou o lugar de seu marido como a artilheira do canhão.

Um soldado de Connecticut descreveu as ações de Mary durante a batalha em sua autobiografia:

> Enquanto pegava um cartucho e se apoiava com os pés afastados, um tiro de canhão vindo do inimigo passou por entre suas pernas, sem causar nenhum outro dano senão arrastar a parte inferior de sua anágua. Olhando para aquilo sem nenhuma preocupação visível, ela [...] continuou seu trabalho.[1]

Após horas de batalha, a artilharia inglesa foi forçada a bater em retirada. O exército continental havia vencido a batalha.

Embora não tenha sido considerada uma grande vitória militar, a Batalha de Monmouth foi um triunfo político e um tremendo estímulo moral para os revolucionários. O exército continental havia enfrentado os ingleses no campo aberto e os forçado a bater em retirada. E nessa, que foi a mais longa das batalhas da Revolução Norte-Americana, os ingleses sofreram um número de baixas duas a três vezes maior que seus inimigos norte-americanos. Por causa de suas ações na batalha, Mary Hays recebeu um certificado de sargento, expedido pelo general George Washington.

■ REFORÇO

Mary Hays, que passou a ser conhecida como "Molly Pitcher" nos livros de história, é um símbolo da atitude de muitas pessoas que combateram na Revolução Norte-Americana. Elas tinham grande consciência da missão, e esse senso de propósito e missão constantemente as impulsionava a fazer aquilo que era o melhor para sua causa, seus companheiros de guerra e sua nação.

Não são muitos de nós que conseguem os feitos heróicos nos campos de batalha de alguém como Mary Hays, mas certamente podemos ter a atitude de consciência da missão que ela trouxe para sua equipe. Ela exibiu as quatro qualidades de todos os integrantes que têm consciência da missão:

1. Eles sabem que direção a equipe está tomando

Como norte-americanos, admiramos o povo que instituiu nossa nação. Respeitamos sua coragem, compromisso e sacrifício. Também admiramos seu senso de visão e missão. Eles sabiam que estavam combatendo em nome da liberdade e do futuro de um país que tinha o potencial de dar a seu povo grandes oportunidades. Há muita força em um senso de missão. O autor W. Clement Stone afirmou: "Quando descobrir sua missão, você sentirá a necessidade dela. Ela o encherá de entusiasmo e de um desejo ardente de pôr-se a trabalhar nela." Esse senso de desejo – e direção – é tão indispensável para o sucesso de uma equipe quanto para qualquer indivíduo.

2. Eles permitem que a liderança seja do líder da equipe

Os integrantes da equipe que têm consciência da missão e que se comprometeram com a equipe permitem que o líder da equipe lidere. Ironicamente, o exército norte-americano quase perdeu a Batalha de Monmouth por causa das ações de um de seus próprios generais: Charles Lee. George Washington, o principal comandante, ordenou que Lee atacasse os ingleses e os hostilizasse até que toda a força do exército norte-americano pudesse atraí-los. Lee, que se opunha ao plano de Washington, avançou temporariamente e, então, de repente e sem motivo, bateu em retirada. Lee quase fez os norte-americanos perder a oportunidade de atrair e derrotar o inimigo. Felizmente, Washington pôde assumir o comando de seu subordinado, mas Lee foi, por fim, destituído após uma corte marcial.

> Liderança é a capacidade de transformar visão em realidade.
>
> – Warren G. Bennis

Toda vez que o membro de uma equipe atrapalha o líder, isso aumenta a chance de a equipe não atingir as metas. Entretanto, membros que têm consciência da missão compreendem as palavras do especialista em liderança Warren G. Bennis:

"Liderança é a capacidade de transformar visão em realidade." Para que a equipe tenha sucesso, deve-se permitir que o líder lidere.

3. Eles colocam o sucesso da equipe antes do sucesso pessoal

O trabalho em equipe sempre requer sacrifício. Bons membros de equipe colocam o sucesso da equipe antes daquilo que podem realizar em termos pessoais, pois é preciso fazer isso para cumprir a missão da equipe. Muitas vezes, isso significa sacrificar metas pessoais ou até a segurança pessoal, como foi o caso de Mary Hays. No calor da batalha, ela nem se permitiu sofrer pela perda do marido. Os perigos eram grandes demais para fazer algo que não fosse servir à equipe.

4. Eles fazem aquilo que é necessário para cumprir a missão

É óbvio que Mary Hays estava disposta a fazer o que fosse necessário para cumprir a missão de sua equipe, quer fossem os deveres comuns de uma mulher que viajava com o exército, como cozinhar, lavar roupas ou servir, quer os deveres que estavam acima de seu papel típico, como ir para as linhas de batalha com os soldados. Hoje, os membros de equipe que têm consciência da missão devem ter o mesmo tipo de atitude de Mary Hays. Se sua equipe só pode ter sucesso por meio de seu compromisso, experimentando algo novo ou colocando seus planos de lado, então é isso o que você precisa fazer.

■ REFLEXÃO

Você e os membros de sua equipe têm toda a situação em mente? Você sempre procura maneiras de ajudar a equipe a perceber a missão dela? Ou tem a tendência de ficar tão preso nos detalhes de suas responsabilidades que acaba não vendo a situação como um todo? Se você, de algum modo, atrapalha a equipe como um todo – sua organização – por causa de seu desejo de atingir o sucesso pessoal ou mesmo o sucesso de seu departamento, então é provável que precise tomar algumas medidas para melhorar sua habilidade de ter a missão da equipe em mente.

■ COMPREENSÃO

Para melhorar a consciência que você precisa ter de sua missão:

- **Veja se sua equipe está concentrada em sua missão.** É difícil manter a mentalidade da consciência da missão em uma equipe que perde uma missão. Na realidade, uma equipe não é de fato uma equipe se não estiver seguindo em alguma direção! Por isso, comece avaliando a clareza da missão. Sua equipe ou organização tem uma missão em vista? Caso não tenha, trabalhe no sentido de fazê-la criar uma missão. Se já tem, então examine se as metas da equipe estão de acordo com sua missão. Se os valores, a missão, as metas e as práticas de uma equipe não forem compatíveis, você terá grandes dificuldades como um dos membros da equipe.

> Uma equipe não é de fato uma equipe se não estiver seguindo em alguma direção!

- **Encontre maneiras de manter a missão em mente.** Se você é um grande empreendedor, do tipo que está habituado a trabalhar sozinho, ou se tem a tendência de se concentrar naquilo que é imediato, e não em toda a situação, é provável que precise de uma ajuda extra para lembrá-lo da missão da equipe. Escreva a missão e coloque-a em algum lugar onde possa vê-la. Coloque-a em um cartão no espelho de seu toalete, transforme-a em uma mensagem para proteção de tela de seu computador ou coloque-a em uma plaqueta sobre sua mesa. Mantenha-a em sua frente para que você sempre esteja consciente da missão da equipe.

- **Faça o melhor como um membro da equipe.** Uma vez que você não tem dúvida quanto à missão e à direção da equipe, tome a decisão de fazer o melhor no contexto de equipe, e não individual. Isso pode significar assumir uma função de apoio por um tempo. Ou pode significar concentrar seu círculo interior de modo a contribuir mais para a organização, ainda que isso dê a você e a seu pessoal menos reconhecimento.

■ LIÇÃO DO DIA-A-DIA

Durante vinte anos, um dos jogadores mais eficientes do beisebol foi Reggie Jackson. Como membro atual da Liga Principal de Beisebol, em Cooperstown, Nova York, Jackson, que figura no Rol da Fama, era chamado de "Sr. Outubro" por causa de seu fabuloso talento como lançador durante a partida de desempate e os jogos da World Series dos quais participou.

Em *How Life Imitates the World Series*, Thomas Boswell conta como Jackson, que estava na época no Orioles de Baltimore, uma vez roubou uma base em um jogo sem que lhe fosse sinalizado para fazê-lo. Era algo que o técnico Earl Weaver não permitia, mas Jackson, que jamais perdia a autoconfiança, fez mesmo assim. Era um bom corredor, e acreditava que conhecia tão bem os arremessadores e receptores contra os quais estava jogando que poderia decidir se deveria roubar ou não.

Mais tarde, Weaver colocou Jackson de lado e explicou por que não queria que ele fizesse aquela jogada. O próximo lançador na ordem era Lee May, um forte rebatedor. Com a primeira base aberta e a chance desperdiçada por May de acertar uma jogada dupla, o lançador da equipe adversária, intencionalmente, seguiu May. Isso chamou a atenção do próximo jogador na ordem de rebatida, um homem que tinha um recorde pouco favorável contra aquele lançador em particular. Weaver, então, teve de mandar um rebatedor substituto para tentar alcançar Jackson e May em torno das bases a fim de marcar pontos. Conseqüentemente, ele não pôde contar com aquele rebatedor mais tarde no jogo, quando realmente precisou dele.

Embora Jackson estivesse certo em sua avaliação de sua habilidade contra a equipe adversária, ele a prejudicou. Por quê? Porque tinha em mente seu próprio sucesso, e não o jogo como um todo, ao tomar uma decisão que afetou toda a equipe. Bons membros de equipe vêem além dos detalhes do momento. Eles sempre têm consciência da missão da equipe e agem para ajudá-la a cumprir essa missão.

12

Preparado

Estar preparado pode ser a diferença entre sucesso e fracasso

Feitos espetaculares são fruto de
um preparo que não é espetacular.
— Roger Staubach

É melhor preparar do que consertar.
— John C. Maxwell

■ HERÓI COM CONSCIÊNCIA

Alvin York é conhecido como o mais notável soldado da Primeira Guerra Mundial. Por causa de suas ações durante a Batalha de Argonne, York, um rapaz das montanhas, sem instrução, proveniente da zona rural do Tennessee, recebeu a Cruz de Distinção ao Serviço (medalha concedida em razão de um serviço eminente), a Croix de Guerre e a Legião de Honra da França, a Croce di Guerra da Itália, a Medalha de Guerra de Montenegro e a Medalha de Honra, a mais alta condecoração dos Estados Unidos. Na cerimônia de sua condecoração, o comandante francês Marshal Ferdinand Foch disse para York: "Seu feito foi o maior de todos os feitos realizados pelos soldados dos exércitos da Europa".[1]

Antes da guerra, ninguém imaginava que York se tornaria um herói – nem mesmo o próprio York! O terceiro de onze filhos, ele cresceu nas montanhas do Tennessee. Seguindo o exemplo do pai, cuidou da fazenda, desempenhou funções que não exigiam técnica nem experiência e trabalhou como ferreiro. Mas sua grande paixão era a caça. E, como o pai e a maioria dos homens no vale rural onde ele cresceu, York era bom de pontaria.

Quando York tinha 24 anos, seu pai morreu e ele passou a ser o principal mantenedor da família. Todavia, depois de um ou dois anos, York começou a passar grande parte do tempo metido com bebida, jogos e brigas. Logo ganhou a fama de "joão-ninguém".[2] Entretanto, no Dia de Ano Novo de 1915, aos 27 anos, York decidiu mudar. Prometeu à mãe que daria um rumo à sua vida e, mais tarde, naquele inverno, em uma reunião de avivamento, York tornou-se um homem de fé, convertendo-se para Cristo.

Durante os dois anos seguintes, Alvin York passou a ser uma pessoa diferente. Deixou definitivamente de beber, de fumar, de xingar e de brigar. Trabalhava duro para sustentar a família. Estudava a Bíblia. E ajudou a fundar uma igreja em sua cidade, onde se tornou o segundo membro mais velho e o líder de adoração. Além disso, tomou a mesma posição da denominação contra a guerra. Por isso, quando recebeu uma convocação militar, em 1917, ele ficou em um dilema. Adorava seu país, e sua família havia lutado por ele desde os tempos coloniais. Mas também amava a Deus e queria obedecer-lhe. York escreveu:

> Minha religião e minha experiência [...] me dizem para não ir para a guerra, e a lembrança de meus antepassados me diz para pegar minha arma e ir à luta [...] É terrível quando os desejos de seu Deus e os de seu país [...] se chocam e se opõem [...] Eu queria ser um bom cristão e um bom norte-americano.[3]

A princípio, York foi considerado um opositor de consciência. E embora ainda não tivesse tomado uma decisão quanto a se iria lutar, ele partiu para o primeiro treinamento do exército no Campo Gordon, na Geórgia, quando foi convocado. E lá se sobressaiu. York era um líder nato, e sua infância o havia preparado muito bem para ser um soldado. Ele era forte fisicamente, disciplinado e muito preciso com um rifle a uma distância de 180 metros.

A única área em que York não estava preparado era em seu coração. Ele ainda não tinha certeza se poderia tirar a vida de outra pessoa. Por isso, esforçou-se para resolver a questão. Consultou-se várias vezes com seu pastor. Discutiu o dilema com seu capitão e com seu major. Debateu-se com o problema desde o dia 14 de novembro, quando foi convocado para o exército, até o dia 30 de abril, pouco antes de ser enviado para além-mar. E, por fim, chegou a uma conclusão. Sabendo que a Bíblia dizia que bem-aventurados eram os pacificadores, York concluiu: "Se um homem pode promover a paz por meio da guerra, ele é um pacificador."[4] Aquilo pôs fim à sua preparação – não apenas física ou mental, mas também espiritual.

Embora York visse a movimentação na França no início de junho, foi só no dia 8 de outubro de 1918 que realizou os feitos que o transformariam em herói. Durante a Batalha de Argonne, quando um grupo de soldados norte-americanos de seu batalhão foi imobilizado pelos tiros das metralhadoras dos alemães, dezessete homens, inclusive York, foram lançados para as linhas do inimigo para distraí-lo. Os homens logo se viram invadindo um campo de mais de vinte soldados alemães que haviam colocado as armas de lado para comer. Os norte-americanos levaram cativos os alemães, mas, sob uma ordem de um oficial alemão, as metralhadoras da linha de frente giraram e, de repente, abriram fogo contra eles. Em questão de segundos, todos, exceto oito dos norte-americanos, foram mortos ou feridos, inclusive todos os sargentos. Aquilo deixou York, um cabo, no comando.

Por mais de duas décadas, York havia caçado ou participado de competições semanais de tiro ao alvo em Pall Mall, sua cidade natal, no Tennessee. Aquele preparo foi-lhe muito útil naquele dia contra os soldados com metralhadoras. À medida que eles se levantavam para disparar contra os norte-americanos, York os pegou, um por um. Depois de atirar em vários, ele tentou fazê-los desistir, mas eles não desistiram. York matou dezessete homens com dezessete tiros, pondo fim à ameaça do grupo que estava com metralhadoras.

Quando York ficou sem munição para o rifle, um grupo de alemães começou a agredi-lo com baionetas. Ele se defendeu com sua arma, derrubando oito homens com oito tiros. Mais tarde, enquanto York e os outros voltavam com seus prisioneiros, eles continuaram a levar outros soldados e oficiais alemães cativos. Assim que chegaram ao território dos Aliados, os oito norte-americanos haviam levado 132 prisioneiros alemães. O preparo e a calma de York em meio ao fogo cruzado salvaram seu pelotão e ajudaram a assegurar uma grande vitória para os Aliados.

York foi recebido na cidade de Nova York com um desfile, ganhou fama e recebeu inúmeras ofertas lucrativas de endosso. Contudo, o desejo de York era ajudar as crianças que não tinham acesso à educação em sua comunidade. York escreveu: "De certo modo, penso que minhas provações e tribulações na guerra serviram para preparar-me para fazer este trabalho nas montanhas. Todo o meu sofrimento, ao ter de ir para a guerra e matar pessoas, serviu para ensinar-me o valor da vida humana. Todas as tentações pelas quais passei serviram para fortalecer meu caráter."[5] Em 1926, ele ajudou a fundar o Instituto Agrícola York, que ainda hoje ensina crianças.

■ REFORÇO

O escritor espanhol Miguel de Cervantes afirmou: "Aquele que se preparou já venceu metade da batalha." Foi o que aconteceu com Alvin York, e é o que pode acontecer com você também. Se quiser preparar-se, de modo a ajudar sua equipe no enfrentamento dos desafios que estão pela frente, pense no seguinte:

1. Avaliação

O preparo começa quando você sabe para que está se preparando. Alvin York sabia que estava seguindo para a guerra e, conseqüentemente, avaliou sua própria condição de preparo. Do mesmo modo, é preciso decidir que rumo você e sua equipe estão tomando. É preciso examinar quais serão as condições ao longo do caminho. E é preciso definir que preço você terá de pagar para atingir sua meta. Do contrário, você será incapaz de preparar-se de forma adequada.

> Aquele que se preparou já venceu metade da batalha.
> – Miguel de Cervantes

2. Alinhamento

Gosto de jogar golfe. O golfe ensinou-me uma valiosa lição. Embora saiba aonde quer ir, você jamais chegará ao destino desejado se não estiver bem alinhado. Isso vale tanto para o preparo pessoal quanto para o golfe. O bom alinhamento torna possível o sucesso. O alinhamento ruim torna impossível o sucesso – independentemente de quanto você se prepara. Não basta trabalhar com afinco. É preciso fazer o trabalho certo.

3. Atitude

Pessoas preguiçosas raramente preparam-se. As pessoas diligentes, no entanto, preparam-se, mas, por vezes, ignoram uma área que possa fazê-las tropeçar quando estão diante de um desafio: elas negligenciam sua atitude. Para ter sucesso em qualquer empreendimento, você precisa fazer seu dever de casa

> A preparação é o maior aliado da coragem e o pior inimigo do medo.

para que possa prestar atenção nos aspectos mentais do jogo. É preciso preparar-se fisicamente. Mas também é preciso ter uma atitude positiva com relação a si mesmo, aos membros da equipe e à sua situação. Se você acredita em si mesmo e nos membros da equipe, então está preparado para o sucesso.

4. Ação

Por fim, é preciso agir. Estar preparado significa estar pronto para dar aquele primeiro passo quando chegar a hora. Lembre-se do seguinte: a preparação é o maior aliado da coragem e o pior inimigo do medo.

■ REFLEXÃO

Você tem o hábito de fazer improvisações? Você tenta improvisar até conseguir o que deseja? Ou será que um sólido preparo faz parte de sua rotina? Se você sempre frustra os membros de sua equipe, é provável que esteja jogando na posição errada ou que não esteja despendendo o tempo e a energia suficientes em seu preparo para enfrentar desafios.

■ COMPREENSÃO

Para melhorar seu preparo:

- **Pense no processo.** Henry Ford observou: "Acima de tudo, o preparo é o segredo do sucesso." Preparar-se exige pensar lá na frente para que você reconheça agora aquilo de que precisará mais tarde. Crie um sistema ou uma lista para si mesmo para ajudá-lo a percorrer mentalmente qualquer processo com antecipação, dividindo tarefas em passos. Em seguida, decida qual processo será necessário para completar cada passo.

- **Faça mais pesquisas.** Em quase todas as profissões, as pessoas utilizam algum tipo de pesquisa para se aperfeiçoar. Familiarize-se com as ferramentas de pesquisa de seu trabalho e torne-se um especialista em utilizá-las.

- **Aprenda com seus erros.** A melhor ferramenta de preparo pode, muitas vezes, ser a própria experiência de uma pessoa. Pense nos erros que você recentemente cometeu enquanto concluía um projeto ou executava um desafio. Escreva-os, examine-os e veja o que pode ser feito de maneira diferente na próxima vez que você estiver diante da mesma situação.

> Acima de tudo, o preparo é o segredo do sucesso.
>
> – Henry Ford

LIÇÃO DO DIA-A-DIA

Em 1946, o artista Ray Charles ficou sabendo que a banda de Lucky Millinder viria à cidade. Charles conseguiu marcar um teste, o que o deixou entusiasmado. Se pudesse tocar com Millinder, ele conseguiria chegar ao sucesso.

Quando chegou sua vez, o jovem músico tocou piano e cantou com o coração. Como é cego, Charles não podia ver a reação de Millinder à sua interpretação, por isso, quando terminou, esperou com paciência pela resposta do homem. Por fim, ele ouviu o líder da banda dizer: "Você não é bom o bastante, rapaz." Charles voltou para sua sala e chorou.

> Na primeira vez, você é pego de surpresa; na segunda, por falta de preparo.

"Aquela foi a melhor coisa que aconteceu comigo", Charles lembrou mais tarde. "Depois de superar a pena que sentia de mim mesmo, voltei e comecei a estudar para que ninguém me dissesse aquilo novamente." Ninguém mais disse. Como se costuma dizer: "Na primeira vez, você é pego de surpresa; na segunda, por falta de preparo." O preparo de Charles rendeu-lhe benefícios por mais de meio século, e ele chegou a tocar com alguns dos músicos mais talentosos do mundo. O preparo pode não garantir o sucesso, mas coloca você na posição de alcançá-lo.

13

Relacional

Se você persistir, os outros farão o mesmo

■

Os relacionamentos ajudam-nos a definir quem somos e aquilo em que podemos nos tornar. A maioria das pessoas pode traçar o sucesso em relacionamentos essenciais.

— Donald O. Clifton e Paula Nelson

Aquele que gosta mais de suas opiniões do que das dos membros de sua equipe promoverá suas opiniões, mas atrasará a equipe.

— John C. Maxwell

■ CONECTANDO-SE COM AS PESSOAS ONDE QUER QUE ELAS ESTEJAM

No início da década de 1960, Michael Deaver era um jovem com uma inclinação política à procura de um líder em quem pudesse acreditar e seguir. A pessoa com quem se deparou foi um ator que se tornou político, chamado Ronald Reagan. Em 1966, Reagan foi eleito governador da Califórnia, um cargo que ocuparia por dois mandatos, de 1967 a 1975. Durante esses mandatos, Deaver foi o principal representante da equipe de Reagan, uma posição que também ocupou quando Reagan tornou-se o quadragésimo presidente dos Estados Unidos.

Deaver admirava muita coisa no homem com quem trabalhou durante trinta anos. Ronald Reagan tinha muitas qualidades notáveis: suas convicções e amor pelo país, sua compreensão de si mesmo, sua habilidade como comunicador e sua honestidade. Deaver disse: "Eu diria até que ele, de fato, era incapaz de ser desonesto."[1] Contudo, talvez o que mais impressionava em Ronald Reagan era sua habilidade de relacionar-se com as pessoas.

Deaver comentou: "Ronald Reagan foi um dos homens mais tímidos que já conheci."[2] No entanto, o presidente conseguia relacionar-se com qualquer pessoa, quer fosse um líder de Estado, um operário ou uma pessoa irritante da imprensa. Quando lhe perguntaram por que Reagan tinha essa harmonia com os jornalistas, Deaver observou: "Reagan basicamente gostava das pessoas, quer fizessem parte de equipes jornalísticas, quer fossem pessoas comuns. Isso surtiu bons resultados. Embora muitos da imprensa não concordassem com a política de Reagan, eles realmente gostavam dele como pessoa."[3]

Parte da habilidade de Reagan vinha de seu carisma natural e loquaz aptidão verbal desenvolvidos em Hollywood. Contudo, maior ainda era sua habilidade de relacionar-se com as pessoas, algo que aprimorou durante suas viagens pelo país por uma década como porta-voz da General Electric.

Diz-se que Reagan podia fazer com que qualquer um se sentisse seu melhor amigo, até alguém que ele jamais conhecera antes. Entretanto, o mais importante era que ele se relacionava com as pessoas mais próximas a ele. Ele realmente se preocupava com as pessoas de sua equipe. "O chefe da equipe, ou o jardineiro, ou a secretária eram tratados da mesma forma por ele", lembrou Deaver. "Todos eles eram importantes."[4]

Deaver contou uma história que fala muito sobre a relação que ambos tinham. Em 1975, Reagan fez um discurso para um grupo de caçadores preocupados com a preservação em San Francisco, e a organização presenteou-o com um pequeno leão de bronze. Na época, Deaver ficou admirado e disse ao governador Reagan quanto havia apreciado o presente.

Passados dez anos, Deaver preparou-se para abrir mão do serviço que prestara ao presidente Reagan, depois de ter escrito sua carta de demissão. Reagan pediu a Deaver que fosse ao Salão Oval na manhã seguinte. Assim que o principal representante da equipe entrou na sala, o presidente ficou em pé diante de sua mesa para cumprimentá-lo.

"Mike", ele disse, "fiquei pensando a noite toda em algo que pudesse dar-lhe como lembrança de todos os momentos maravilhosos que passamos juntos." Então, Reagan virou-se para pegar algo que estava em sua mesa. "Lembro que você gostou desta coisinha", disse o presidente com os olhos marejados. E entregou o leão de bronze para Deaver, que ficou totalmente sem ação. Ele não conseguia acreditar que Reagan havia se lembrado daquele fato depois de todos aqueles anos. Até hoje, o leão ocupa um lugar de honra na casa de Deaver.

■ REFORÇO

As equipes querem pessoas que sejam relacionais. Todos gostavam de estar à volta de Ronald Reagan porque ele gostava das pessoas e se relacionava com elas. Na opinião dele, os relacionamentos são a cola que mantém os membros da equipe unidos – quanto mais sólidos forem os relacionamentos, mais ligada estará a equipe.

Os relacionamentos são a cola que mantém os membros da equipe unidos.

Eis aqui o modo como saber se você construiu relacionamentos sólidos com os outros membros da equipe. Tente encontrar as cinco características seguintes nos relacionamentos de sua equipe:

1. Respeito

Quando o assunto tem a ver com relacionamentos, tudo começa com respeito, com o desejo de dar valor a outras pessoas. O autor Les Giblin, que fala de relações humanas, disse: "Você não pode fazer seu companheiro sentir-se importante em sua presença se, lá no íntimo, acha que ele é um joão-ninguém."

O curioso é que você deve demonstrar respeito pelos outros antes mesmo de eles terem feito algo para merecê-lo, simplesmente porque são seres humanos. Mas, ao mesmo tempo, você sempre deve esperar recebê-lo dos outros. E é em situações difíceis que você ganha respeito mais depressa.

2. Experiências compartilhadas

O respeito pode estabelecer a base de um bom relacionamento, mas só ele não é suficiente. Você não pode estabelecer uma relação com alguém que não conhece. São necessárias experiências compartilhadas entre os membros da equipe ao longo do tempo. E nem sempre é fácil conseguir isso. Por exemplo, quando perguntaram a Brian Billick, técnico do Baltimore Ravens, campeão do Super Bowl de 2001, sobre as chances da equipe de repetir uma temporada de campeonatos, ele comentou que seria muito difícil. Por quê? Porque cerca de 25% a 30% da equipe muda todos os anos. Jogadores mais novos não têm as experiências compartilhadas com a equipe que são necessárias para o sucesso.

> Você não pode fazer seu companheiro sentir-se importante em sua presença se, lá no íntimo, acha que ele é um joão-ninguém.
>
> – Les Giblin

3. Confiança

Ao respeitar as pessoas e passar tempo suficiente com elas para desenvolver experiências compartilhadas, você se torna capaz de desenvolver confiança. Como falei sobre a Lei do Terreno Sólido, em *As 21 Irrefutáveis Leis da Liderança*, a confiança é a base da liderança. Além disso, é essencial para todos os bons relacionamentos. O poeta escocês George Macdonald observou: "Ser de confiança é um elogio maior do que ser amado." Sem confiança, você não consegue sustentar nenhum tipo de relacionamento.

4. Reciprocidade

Relacionamentos pessoais unilaterais não duram. Se uma pessoa é sempre aquela que dá e a outra é sempre aquela que recebe, o relacionamento, no final, acaba. O mesmo se aplica aos relacionamentos em uma equipe. Para que a equipe desenvolva e cultive relacionamentos, é preciso que os membros dêem e recebam, de modo que todos se beneficiem.

5. Contentamento mútuo

Quando os relacionamentos se desenvolvem e começam a ficar sólidos, as pessoas em questão começam a gostar umas das outras. Só o fato de estarem juntas pode tornar as tarefas consideradas desagradáveis em experiências positivas. Por exemplo, não sou o tipo de pessoa que gosta de fazer um serviço na rua ou esperar em filas. Mas, às vezes, quando Margaret, minha esposa, faz planos de sair e cumprir as obrigações de sua lista, vou com ela simplesmente porque gosto de estar a seu lado. Ela é minha principal integrante da equipe, e não há ninguém no mundo com quem eu preferisse ficar. Nós dois nos beneficiamos. Ela cumpre sua lista e eu posso passar tempo com ela.

■ REFLEXÃO

Como você se sai quando o assunto é estabelecer relações? Você despende muito tempo e energia para desenvolver relacionamentos sólidos com os membros de sua equipe ou está tão concentrado nos resultados que tem a tendência de ignorar os outros (ou passar por cima deles) enquanto se empenha para atingir as metas da equipe? Se a última opção diz respeito a você, pense nas sábias palavras de George Kienzle e Edward Dare em *Climbing the Executive Ladder*: "Poucas coisas vão lhe dar benefícios maiores do que o tempo e a dificuldade que você passa para compreender as pessoas. Quase nada vai fazê-lo crescer mais como executivo e pessoa. Nada vai lhe dar maior satisfação ou trazer-lhe mais felicidade." Ser uma pessoa extremamente relacional promove o sucesso pessoal e da equipe.

> Ser de confiança é um elogio maior do que ser amado.
>
> – George Macdonald

■ COMPREENSÃO

Para melhor relacionar-se com os membros de sua equipe:

- **Concentre-se nos outros, e não em você mesmo.** O primeiro e mais importante passo para tornar-se bom em desenvolver relacionamentos é começar a concentrar-se nos outros, e não em você mesmo. Pense nos membros de sua equipe. De que forma você pode dar valor a eles? O que você pode dar-lhes sem beneficiar a si mesmo? Não se esqueça de que a equipe não se resume a você.

- **Faça as perguntas certas.** Se não tem certeza sobre as expectativas, desejos e metas dos membros de sua equipe, você precisa investigá-los. O que os faz sorrir?

O que os faz chorar? Com o que eles sonham? Conheça quem eles realmente são, fazendo as perguntas certas e ouvindo com atenção suas respostas.

- **Compartilhe experiências comuns.** Você jamais desenvolverá uma base comum com os membros de sua equipe a menos que compartilhe experiências comuns. É essencial o tempo que vocês passam juntos enquanto trabalham como equipe, mas o mesmo acontece quando vocês passam tempo juntos fora do ambiente de trabalho. Esforce-se para criar relações com os membros de sua equipe. Promova encontros sociais. Passe tempo com as famílias. Encontre formas de compartilhar sua vida.

- **Faça com que os outros se sintam especiais.** Um dos pontos fortes de Ronald Reagan era fazer todos os membros de sua equipe se sentirem especiais. Você pode fazer o mesmo, sendo atencioso quando estiver com eles, elogiando-os de fato e reconhecendo-os diante dos seus colegas e familiares. As pessoas vão relacionar-se com você quando lhes mostrar que se preocupa com elas.

> Você jamais desenvolverá uma base comum com os membros de sua equipe a menos que compartilhe experiências comuns.

■ LIÇÃO DO DIA-A-DIA

Frederico Guilherme I, rei da Prússia, não ficou conhecido por ter uma bela disposição. Sua paixão era seu exército, e ele passou grande parte da vida na formação desse exército. Tinha pouco amor por alguma coisa ou alguém, inclusive por sua família. Era, muitas vezes, cruel com o filho, que o sucedeu no trono como Frederico II, o Grande.

O velho Frederico muitas vezes andava sozinho pelas ruas de Berlim, e seus súditos fugiam dele. Diz-se que, em uma de suas caminhadas, um cidadão viu que ele se aproximava e tentou fugir do monarca, passando por uma porta.

— Tu — gritou o rei —, aonde vais?

— Para casa, Majestade — respondeu o homem, nervoso.

— Esta é tua casa? — pressionou Frederico.

— Não, Majestade.

— Então por que estás entrando aí? — interpelou o rei.

— Bem, Majestade — admitiu o homem, com medo de que fosse tido como um assaltante —, para evitar Vossa Majestade.

— Por quê? — perguntou Frederico.

— Porque temo o senhor, Majestade.

Frederico ergueu a bengala de modo ameaçador na direção do homem e gritou:

— Não cabe a ti temer-me, infame. Tens de amar-me!

Os membros da equipe raramente cooperam com uma pessoa com quem não se harmonizam.

Os membros da equipe raramente cooperam com uma pessoa com quem não se harmonizam.

14

Aperfeiçoador

Para aperfeiçoar a equipe, é preciso aperfeiçoar-se

■

Você se esforça para chegar à perfeição, mas a perfeição é impossível. No entanto, esforçar-se *para atingir a perfeição não é impossível. Faça o que estiver a seu alcance nas condições existentes. É isso que importa.*

— John Wooden

Aprenda como se você fosse viver para sempre; viva como se fosse morrer amanhã.

— Anônimo

■ DE ÁRVORES A TELEFONES

Se você possui um telefone celular ou tem rápido acesso a um aparelho, pare de ler este livro por um momento e pegue o celular. Enquanto eu estava escrevendo estas palavras, também parei para pegar o meu. Agora, observe o nome do fabricante impresso no celular. Se você for como eu – e como quase um terço das pessoas do mundo que tem um celular –, a marca de seu telefone celular é Nokia.

Conhecedor de que a Nokia é a maior fabricante de celulares do mundo, é provável que você nunca tenha parado para pensar como a empresa começou. Ela foi constituída há mais de um século por Fredrik Idestram. Em meados da década de 1860, uma vez que a indústria de madeira na Finlândia começava a expandir-se, Idestram construiu uma pequena usina para extração da polpa da madeira no rio Emäkoski e começou a fazer papel. (Por isso, acho que podemos dizer que a empresa sempre esteve no ramo da comunicação.)

Nos primeiros anos, a empresa teve dificuldades, principalmente na Finlândia. Mas, quando Idestram ganhou uma medalha de bronze por seu engenho para extração da polpa da madeira, na Feira Mundial de Paris de 1867, as vendas da

Nokia deslancharam, e ela logo se firmou. Não só se sobressaiu na Finlândia, seu país de origem, como também explorou e estabeleceu mercados na Dinamarca, na Rússia, na Alemanha, na Inglaterra e na França. Não demorou muito, a empresa abriu outras duas fábricas para a produção de papel.

No final da década de 1890, a Nokia buscou diversificar. A empresa construiu uma usina hidrelétrica perto de sua primeira fábrica e atraiu a Finnish Rubber Works, uma empresa finlandesa de artigos de borracha, como cliente. Após alguns anos, a empresa de borracha passou a funcionar perto da usina hidrelétrica da Nokia. Por fim, as duas empresam tornaram-se parceiras.

As empresas tiveram sucesso durante e após a Primeira Guerra Mundial. Em 1922, assumiram o controle da maioria das ações da Finnish Cable Works, uma empresa finlandesa de cabos, e prosperaram ainda mais. Continuaram a vender seus produtos já existentes dos setores de madeira e borracha, mas o crescimento da empresa ao longo dos quarenta anos seguintes foi impulsionado pelas vendas que vieram dos cabos – itens como fios elétricos, linhas telefônicas e aparelhos telefônicos. Por volta da década de 1960, a empresa tinha quatro segmentos empresariais importantes: madeira, borracha, cabos e eletrônica.

Ao longo das duas décadas seguintes, a Nokia passou por momentos difíceis. A empresa de cem anos transformara-se em um enorme conglomerado, e estava perdendo dinheiro. Os executivos da Nokia sabiam que a empresa precisava melhorar a situação.

A solução para os problemas da Nokia veio de uma fonte pouco provável. Em 1990, solicitou-se a um jovem executivo, que estava na Nokia havia cinco anos, que assumisse a divisão não lucrativa da empresa de telefones móveis e revertesse o quadro. Seu nome era Jorma Ollila, que tinha conhecimento em finanças e negócios bancários. Seu sucesso na tarefa foi tão grande que ele passou a ser presidente e diretor executivo da Nokia em 1992.

O próximo desafio de Ollila era recuperar o restante da empresa. Sua estratégia consistia em duas partes. Primeiro, ele decidiu concentrar os esforços da organização na área de maior potencial: tecnologia de comunicações. Isso significava privar a empresa de seus outros interesses, inclusive o que tinha dado início à empresa: borracha e papel. Segundo, Ollila queria substituir as árvores por pessoas, o que significava que a empresa reconhecia que seu valor estava nos recursos humanos, e não nos recursos naturais. Tal atitude era, sobretudo, importante para uma empresa cujo ramo de atividade era a tecnologia. "O principal desafio das empresas de tecnologia hoje é como renovar a nós mesmos", observa Ollila. "Os círculos de tecnologia são menores. Devemos capitalizar nossas lacunas e usá-las a nosso favor."[1]

Ollila, pessoalmente, sabe o valor que há em renovar-se a si mesmo. Fez três mestrados – em ciência política, economia e engenharia. Transformou sua meta pessoal de aprimoramento próprio em uma meta empresarial. O "Caminho da Nokia" está alicerçado em quatro objetivos: a satisfação do cliente, o respeito pelo indivíduo, a realização e o aprendizado contínuo.

"O aprendizado contínuo autoriza todo o pessoal da Nokia a desenvolver-se e encontrar formas de melhorar seu desempenho", diz Ollila. "E aquilo que se aplica ao indivíduo se aplica à empresa como um todo."[2] Para melhorar a equipe – até uma equipe com mais de 60 mil pessoas, como a Nokia –, é preciso melhorar os indivíduos dessa equipe.

Essa estratégia deu certo. Ollila transformou um conglomerado que perdia dinheiro em uma empresa de telecomunicação global de 20 bilhões de dólares. E a Nokia continua a ser a líder em inovação em sua área. Desde 1992, a empresa introduziu quinze novidades importantes no mercado. Se seu celular tem uma placa colorida ou logo especial da empresa, se você pode selecionar uma campainha divertida, ou possui uma função de *chat* de mensagem curta, você pode agradecer à Nokia. A empresa trouxe todas essas idéias para o mercado. E ainda está inovando. Por quê? Porque o pessoal da Nokia aperfeiçoa-se e, uma vez que ele continua a melhorar, o mesmo acontece com a Nokia.

"Não acredito que haja outra empresa que esteja mais bem situada do que nós para lidar com o próximo paradigma", afirma Ollila. "Esta é uma organização onde, se você quiser aperfeiçoar-se, se quiser desenvolver-se e crescer, nós lhe damos o apoio."[3]

■ REFORÇO

Vivemos em uma sociedade que não sabe bem qual é seu destino. São tantas as pessoas que querem fazer o suficiente para "chegar lá" e, depois, aposentar-se. Meu amigo Kevin Myers coloca a questão da seguinte forma: "Todos querem dar um jeito rápido na vida, mas do que realmente precisam é de aptidão. Pessoas que procuram soluções rápidas param de fazer o que é certo quando não estão mais sob pressão. As pessoas que buscam aptidão fazem aquilo que deveriam fazer, independentemente das circunstâncias." É isso que o pessoal da Nokia faz. Eles procuram aptidão profissional e, conseqüentemente, aperfeiçoam-se.

As pessoas que estão sempre se aperfeiçoando fazem de três processos um círculo contínuo em sua vida:

1. Preparação

Napoleon Hill observou: "Não importa o que você vai fazer, mas sim o que está fazendo agora." Os membros de equipe que se aperfeiçoam pensam em como podem melhorar hoje – não em um futuro distante. Ao se levantarem de manhã, eles se perguntam: *Quais são os momentos potenciais para o aprendizado hoje?* Em seguida, tentam aproveitar esses momentos. Ao final do dia, eles se perguntam: *O que aprendi hoje que eu deveria aprender mais amanhã?* Isso os coloca em uma posição de constante crescimento. Quando têm intenção de aprender algo todos os dias, os indivíduos ficam mais bem preparados para lidar com quaisquer desafios que encontrem pela frente.

> Não importa o que você vai fazer, mas sim o que está fazendo agora.
> – Napoleon Hill

2. Contemplação

Recentemente deparei com a seguinte afirmação: "Se você observar a vida dos indivíduos realmente notáveis que influenciaram o mundo, descobrirá que, em quase todos os casos, eles passaram um tempo considerável sozinhos – contemplando, meditando, ouvindo."[4] Passar um tempo sozinho é essencial para o aprimoramento pessoal. Permite que você obtenha uma perspectiva de seus fracassos e sucessos para que possa aprender com eles. Dá a você o tempo e o espaço para estimular sua visão pessoal ou organizacional. E capacita você para planejar o modo como melhorar no futuro. Se quiser continuar a crescer, reserve um tempo para dar uma escapada e diminuir o ritmo.

3. Aplicação

O músico Bruce Springsteen observa: "Chega o momento em que é preciso deixar de esperar pelo homem que você gostaria de ser e passar a ser esse homem." Em outras palavras, você precisa pôr em prática aquilo que aprendeu. Às vezes isso é difícil, pois requer mudança. A maioria das pessoas só muda quando acontece uma dessas três coisas: elas se prejudicam o bastante a ponto de terem de mudar, aprendem o suficiente para que tenham vontade de mudar ou recebem o suficiente para que sejam capazes de fazê-lo. Sua meta é continuar a aprender para que você tenha vontade de mudar para melhor a cada dia.

> Chega o momento em que é preciso deixar de esperar pelo homem que você gostaria de ser e passar a ser esse homem.
>
> – Bruce Springsteen

■ REFLEXÃO

Não há nada de extraordinário em ser superior a outra pessoa; progredir é tornar-se superior a seu "eu" anterior. Você se empenha neste sentido? Você tenta ser melhor do que foi no ano passado, no mês passado ou na semana passada? Ou espera chegar a um estágio onde não tenha mais de melhorar? (Talvez você acredite que já chegou a esse estágio.) Você não pode esperar pelas circunstâncias ou por outra pessoa para aperfeiçoar-se. É você quem deve assumir a responsabilidade por isso. George Knox estava certo: "Quando você deixa de ser melhor, deixa de ser bom."

■ COMPREENSÃO

Para aperfeiçoar-se:

- **Seja bastante receptivo ao ensino.** O orgulho é um terrível inimigo do aperfeiçoamento pessoal. Durante um mês, coloque-se em funções que lhe permitam aprender sempre que possível. Em vez de se pronunciar nas reuniões quando as pessoas pedirem conselhos, ouça. Passe a ter uma nova disciplina, ainda que ela faça com que você se sinta inepto. E faça perguntas toda vez que não entender algo. Adote a atitude de quem aprende, e não a de um especialista.

- **Planeje seu progresso.** Decida de que modo você aprenderá em dois níveis. Primeiro, escolha uma área em que deseja melhorar. Planeje quais serão os livros que lerá, conferências das quais participará e especialistas que consultará nos próximos seis meses. Segundo, procure aprender a cada dia, sempre que possível, para que nem um dia passe sem que você tenha a experiência de aperfeiçoar-se de alguma forma.

- **Valorize o aperfeiçoamento pessoal antes da autopromoção.** O rei Salomão, do antigo Israel, disse: "Aceite a minha correção, e não a prata; e o conhecimento mais do que o ouro fino escolhido. Porque melhor é a sabedoria do que os rubis, e tudo o que mais se deseja não se pode comparar com ela."[5] Faça com que sua próxima etapa no trabalho tenha por base seu aperfeiçoamento pessoal, e não seu aprimoramento financeiro.

■ LIÇÕES PARA O DIA-A-DIA

Em *As 17 Incontestáveis Leis do Trabalho em Equipe*, falei sobre o precursor da aviação Charles Lindbergh, mencionando que até seu vôo solitário ao longo do oceano Atlântico foi realmente um esforço em equipe, uma vez que ele contava com o apoio

> O orgulho é um terrível inimigo do aperfeiçoamento pessoal.

de nove empresários de St. Louis e com a ajuda da Ryan Aeronautical Company, que construiu o avião. Mas isso não diminui seu esforço pessoal. Ele voou sozinho por mais de 33 horas e fez uma incrível viagem de quase 5.800 quilômetros.

Este não é o tipo de tarefa que uma pessoa simplesmente põe-se a fazer. Ela tem de alcançá-la. Como Lindbergh fez isso? Uma história de seu amigo Frank Samuels oferece uma visão do processo. Na década de 1920, Lindbergh costumava sair de St. Louis. De vez em quando, ele seguia para San Diego para ver o progresso de seu avião, o Spirit of St. Louis, que estava sendo construído lá. Samuels às vezes ia com ele, e os dois passavam a noite em um pequeno hotel da cidade. Certa noite, Samuels acordou pouco depois da meia-noite e notou que Lindbergh estava sentado próximo à janela olhando para as estrelas. O dia havia sido longo, por isso Samuels perguntou:

— Por que você está sentado aí a esta hora?

— Estou só praticando — respondeu Lindbergh.

— Praticando o quê? — perguntou Samuels.

— Ficar a noite toda acordado.

Enquanto podia aproveitar um descanso bem merecido, Lindbergh fazia um esforço para aperfeiçoar-se. Foi um investimento que lhe rendeu frutos – e que pode fazer o mesmo por você.

15

Desprendido

Não existe "eu" na equipe

■

A vida não deveria ser avaliada exclusivamente pelo padrão de dólares e centavos. Não estou disposto a reclamar porque fui eu quem plantou e foram os outros que colheram os frutos. Um homem só tem razão em lamentar quando planta e ninguém colhe.

— Charles Goodyear

Quando você deixa de dar e oferecer algo ao resto do mundo, é hora de apagar as luzes.

— George Burns

■ O VERDADEIRO HOMEM POR TRÁS DA PONTE

Quando a situação é de vida ou morte, a maioria das pessoas preocupa-se mais em cuidar de si mesmas do que das outras. Não é o caso de Philip Toosey. Como oficial do exército britânico durante a Segunda Guerra Mundial, ele teve muitas oportunidades de preservar sua própria vida, mas, em vez disso, sempre prestou atenção em sua equipe.

Em 1927, Toosey, aos 23 anos, alistou-se no Exército Territorial, um tipo de exército-reserva, porque queria ir além de simplesmente desenvolver sua carreira em negócios bancários e bolsa de *commodities*. Tinha outros interesses. Era um bom atleta e gostava de jogar rúgbi, mas muitos de seus amigos estavam se apresentando para o serviço militar, por isso ele decidiu alistar-se também. Foi designado segundo-tenente em uma unidade de artilharia, em que se destacou como líder e comandante da artilharia. Na época, passou a ocupar o posto de major.

Em 1939, ele e sua unidade foram convocados para um serviço militar, já que a guerra havia estourado na Europa. Não demorou muito, ele serviu na França, retirou-se para Dunquerque e foi, logo em seguida, levado além-mar para servir no

Pacífico. Ali participou da tentativa frustrada de defender a Península da Malásia e, por fim, de Cingapura do ataque dos japoneses. Naquela época, Toosey havia sido promovido a tenente-coronel e estava no comando do 135º regimento da 18ª Divisão do exército. Embora ele e seus homens tivessem enfrentado um bom combate durante a campanha, as forças britânicas eram constantemente solicitadas a retirar-se até percorrerem todo o caminho de volta a Cingapura.

Foi lá que Toosey exibiu o primeiro de seus muitos atos distintivamente altruístas. Quando os britânicos perceberam que a rendição era inevitável, Toosey foi ordenado a abandonar seus homens e seu navio para que sua habilidade como oficial da artilharia pudesse ser preservada e usada em outro lugar. Contudo, ele se recusou. Mais tarde, relembrou:

> Eu não podia acreditar no que estava ouvindo, mas não concordei em ser um soldado do exército territorial [em vez de um oficial de um exército efetivo]. Fui repreendido severamente e ordenado a fazer aquilo que me fora requisitado. No entanto, pude dizer que, como soldado do exército territorial, todas as ordens podiam ser colocadas em discussão. Mostrei que, como artilheiro, eu havia lido o Manual de Treinamento de Artilharia, Volume II, que diz com muita clareza que, em qualquer retirada, o oficial que está no comando é o último a sair.[1]

Ele sabia o efeito negativo que viria sobre o moral de seus homens se os abandonasse, por isso permaneceu com eles. Conseqüentemente, quando as Forças Aliadas em Cingapura renderam-se aos japoneses, em fevereiro de 1942, Toosey foi levado como prisioneiro de guerra junto com seus homens.

Toosey logo viu-se em um campo para prisioneiros de guerra em Tamarkan, próximo a um rio importante chamado Kwae

Yai. Como antigo oficial, era ele quem comandava os prisioneiros aliados. O serviço que os japoneses lhe deram era construir, primeiro, pontes de madeira, e depois, de aço e concreto, de um lado a outro do rio. (O romance e o filme *A Ponte do Rio Kwai* foram baseados nos acontecimentos neste campo, mas Toosey não tinha nada a ver com o coronel Nicholson, personagem do filme.)

Diante, pela primeira vez, das ordens de seus captores japoneses, Toosey quis se rebelar. Afinal, a Convenção de Haia de 1907, a qual os japoneses ratificaram, proibia que os prisioneiros de guerra fossem forçados a fazer serviços que ajudassem seus inimigos no esforço de guerra. Mas Toosey também sabia que a resposta negativa traria represálias, que descreveu como "imediatas, físicas e rigorosas".[2] O biógrafo Peter N. Davies observou: "Toosey, na realidade, logo percebeu que não tinha, de fato, opção, e reconheceu que o ponto vital não era se as tropas deveriam realizar as tarefas estabelecidas, mas o número de soldados que morreriam no processo."[3]

Toosey preferiu pedir aos prisioneiros que cooperassem com seus captores; entretanto, arriscava diariamente a vida para defender seus homens e reivindicar mais suprimentos, horas de trabalho regulares e um dia livre por semana. Sua diligência foi válida, embora ele tenha dito mais tarde: "Se você assumisse a responsabilidade que assumi, isso aumentaria seu sofrimento de modo bastante considerável."[4] Ele era constantemente surrado e forçado a ficar em posição de sentido debaixo do sol por doze horas, mas sua insistência levou os japoneses a melhorar as condições dos prisioneiros das Forças Aliadas. E é notável que, durante os dez meses que passaram fazendo o serviço nas pontes, somente nove prisioneiros tenham morrido.

Mais tarde, como comandante do hospital de um campo para prisioneiros de guerra, Toosey ficou conhecido por fazer tudo o que era possível para contribuir com o bem-estar de seus homens, inclusive percorrer grandes distâncias para conhecer pessoalmente cada grupo de prisioneiros que chegava ao campo, até na calada da noite. Fez negócios com o mercado negro para conseguir remédios, comida e outros suprimentos, ainda que a descoberta disso significasse a morte na certa. Insistiu em assumir a culpa por um rádio ilegal, caso ele fosse descoberto pelos guardas japoneses. E, chegado o fim da guerra, a primeira preocupação de Toosey foi encontrar os homens de seu regimento. Viajou quase quinhentos quilômetros para juntar-se a eles e certificar-se de que estavam em segurança.

Após voltar para a Inglaterra, Toosey tirou três semanas de férias e, depois, voltou a trabalhar no banco mercantil Barings, o que já fazia antes da guerra. Nunca buscou a fama por meio de seus empreendimentos durante a guerra, nem reclamou do filme *A Ponte do Rio Kwai*, embora fosse óbvio que o havia odiado. A única coisa que fazia, já no final de sua vida, que se referia à guerra era seu trabalho pelos Prisioneiros do Extremo Oriente da Federação de Guerra para ajudar outros antigos prisioneiros de guerra. Foi outro ato típico de um homem que sempre coloca sua equipe acima de si mesmo.

■ REFORÇO

O poeta W. H. Auden brincou: "Estamos aqui na terra para fazer o bem aos outros. Para que os outros estão aqui, eu não sei." Nenhuma equipe tem sucesso a menos que seus membros coloquem os outros da equipe acima de seus próprios interesses. Não é fácil abrir mão do próprio interesse, mas é necessário.

Como um membro da equipe, como você pode cultivar uma atitude de altruísmo? Faça o seguinte:

1. Seja generoso

Francisco de Assis afirmou: "Apenas receber separa você dos outros; apenas dar une você aos outros." A essência da abnegação é a generosidade. Não se trata apenas de ajudar a unir a equipe, mas também de ajudar a fazê-la avançar. Se os membros da equipe estão dispostos a se render generosamente à equipe, então ela está sendo formada para ter sucesso.

> Apenas receber separa você dos outros; apenas dar une você aos outros.
> – Francisco de Assis

2. Evite políticas internas

Uma das piores formas de egoísmo pode ser vista nas pessoas que estão fazendo política na equipe. Isso normalmente significa colocar-se na posição ou posicionar-se para seu próprio bem, independentemente do modo como isso pode prejudicar os relacionamentos na equipe. Entretanto, bons membros de equipe preocupam-se mais com o bem de seus companheiros de equipe do que com seu próprio bem. Esse tipo de generosidade ajuda os membros da equipe e beneficia aquele que dá. O notável cientista Albert Einstein observou: "A pessoa começa a viver quando é capaz de viver fora de si mesma."

3. Mostre lealdade

Se você mostra lealdade às pessoas de sua equipe, elas serão igualmente leais a você. Foi exatamente o que aconteceu com o coronel Toosey. Várias vezes ele se arriscou por seus homens e, conseqüentemente, eles trabalharam com afinco, serviram-lhe bem e concluíram todas as missões que lhes foram confiadas – até na mais difícil das circunstâncias. A lealdade gera unidade, que, por sua vez, leva ao sucesso da equipe.

4. Valorize a interdependência, e não a independência

Nos Estados Unidos, valorizamos muito a independência porque ela vem sempre acompanhada de inovação, trabalho duro e uma disposição de defender o que é certo. Mas a independência, quando levada ao extremo, é uma característica do egoísmo, principalmente quando começa a prejudicar ou atrapalhar os outros. Sêneca afirmou: "Ninguém que só respeita a si mesmo, que se vale de tudo para sua própria vantagem, pode viver feliz. Você precisa viver para os outros se quiser viver para si mesmo."

> A lealdade gera unidade, que, por sua vez, leva ao sucesso da equipe.

■ REFLEXÃO

Se quiser ser alguém que colabora com sua equipe, precisa colocar os outros membros da equipe acima de você mesmo. Como você se sai quando o assunto é ocupar uma posição inferior à dos outros? Se alguém recebe crédito por um trabalho bem feito, você fica incomodado? Se você é substituído logo no "início da formação" de sua equipe, você grita, fica amuado ou fica firme até o fim? Todas essas atitudes são características de membros de equipe que não são egoístas.

■ COMPREENSÃO

Para ser menos egoísta:

- **Promova alguém que não seja você.** Se você tem o hábito de falar sobre suas realizações e promover-se para os outros, não fale mais sobre você e passe a elogiar os outros por duas semanas. Descubra coisas positivas para dizer sobre as ações e qualidades das pessoas, principalmente para os chefes, familiares e amigos próximos dessas pessoas.

- **Assuma o papel de subordinado.** A tendência natural da maioria das pessoas é ocupar o melhor lugar e deixar que os outros se arranjem sozinhos. Todos os dias, a partir de hoje, pratique a disciplina de servir, de deixar os outros ir primeiro ou de assumir o papel de subordinado. Faça isso por uma semana e veja de que modo isso afeta sua atitude.

> Você não levará uma vida de sucesso hoje a menos que tenha feito algo a alguém que não lhe poderá retribuir.
>
> – John Bunyan

- **Dê em segredo.** O escritor John Bunyan afirmou: "Você não levará uma vida de sucesso hoje a menos que tenha feito algo a alguém que não lhe poderá retribuir." Se você ajuda os membros de sua equipe sem que eles saibam, eles não poderão recompensá-lo. Experimente. Adquira este hábito e, quem sabe, você não conseguirá deixar de agir assim.

■ LIÇÃO DO DIA-A-DIA

Todo outono aqui em Atlanta, os fãs locais começam a ficar agitados com a Tech, equipe de futebol americano da Geórgia.

Hoje, a equipe da Tech é boa, mas quando era formada por adolescentes, era uma verdadeira máquina. Em 1916, a equipe da Tech jogou contra o time de uma pequena faculdade de direito da Cumberland University, e os jogadores da Tech detonaram.

Conta-se que, quase no final do jogo, Ed Edwards, zagueiro do Cumberland, dominou a bola no centro e, enquanto os grandes jogadores da Tech vinham correndo para a linha de defesa, ele gritou para seus companheiros: "Peguem! Peguem!"

O zagueiro, cansado de ser derrubado por um adversário, gritou para Edward: "Pegue você – você perdeu." Não é preciso dizer que o Tech venceu o jogo. O placar final foi de 222 a 0.

16

VOLTADO PARA SOLUÇÕES

TOME A DECISÃO DE ENCONTRAR A SOLUÇÃO

■

Sempre ouça os especialistas. Eles lhe dirão aquilo que não pode ser feito e por quê. Então, faça-o.

— Robert Heinlein

Não encontre um problema; encontre uma solução.

— Henry Ford

■ A REAÇÃO DE UM HOMEM À TRAGÉDIA

Poucas coisas na vida são mais trágicas ou desanimadoras do que a perda de um filho. John Walsh, apresentador do programa de televisão *America's Most Wanted*, sabe muito bem o que é isso. Em 1981, ele e a esposa, Reve, perderam Adam, o filho de 6 anos, quando o garoto foi raptado do lado de fora de um shopping center na Flórida e encontrado morto, mais tarde, vítima de assassinato. Ambos ficaram arrasados.

As pessoas reagem de diversas maneiras a uma tragédia como esta. Alguns pais ficam na posição de defesa e nunca voltam a confiar nas pessoas. Outros mergulham na depressão. Muitos reagem com raiva e buscam vingança. A princípio, os Walsh ficaram indignados. Queriam que o assassino fosse encontrado e queriam também processar a loja de departamentos na qual Adam foi raptado. Assim que ele desapareceu, ninguém da loja os ajudou a encontrar seu filho, e ambos, mais tarde, descobriram que um segurança que trabalhava no local, na verdade, havia mandado Adam, de 6 anos, sair da loja. Sentiram-se ultrajados.

Mas os Walsh logo desistiram do processo judicial. Em vez de concentrar-se no passado, John Walsh tinha uma mentalidade voltada para a solução, que visava o futuro. Resolveu tentar fazer algo com relação ao rapto de crianças, que crescia cada vez mais no país. Começou a trabalhar para criar um sistema nacional computadorizado que ajudasse na busca de crianças desaparecidas. Tornou-se defensor das vítimas de crimes e buscou a aprovação de seu projeto no legislativo. E em 1984, Walsh tornou-se co-fundador do National Center for Missing and Exploited Children (NCMEC), uma organização que trabalha para evitar a vitimização de crianças, auxilia na prevenção de crimes e atua como uma instituição nacional que fornece informações sobre crianças desaparecidas.

Um dos programas mais importantes de segurança à criança que o NCMEC desenvolveu é chamado "Código Adam", implantado em mais de 13 mil lojas por todo o país. Quando um cliente relata o desaparecimento de uma criança, emite-se um alerta por toda a loja, e uma descrição da criança é feita aos funcionários designados, que, em seguida, procuram pela criança e monitoram as saídas. Se a criança não for encontrada em dez minutos, os funcionários entram em contato com a polícia.[1]

Ao longo dos anos, a equipe da NCMEC, que agora conta com 125 funcionários, auxiliou em mais de 73 mil casos envolvendo crianças, e o grupo ajudou pais a recuperar mais de 48 mil crianças desaparecidas. O trabalho da NCMEC ajudou a aumentar o índice de resgate de crianças desaparecidas de 60%, na década de 1980, para 91%, hoje.[2]

Não acho que alguém teria criticado John Walsh se ele tivesse se afastado das pessoas após a morte do filho. Mas uma vez que sua orientação estava voltada para a solução, ele venceu a dificuldade daquele acontecimento e passou a ajudar centenas de milhares de pessoas ao formar uma equipe para ajudar as crianças.

■ REFORÇO

A maioria das pessoas consegue ver os problemas. Para isso, não é preciso nenhuma habilidade ou talento especial. Como observou Alfred A. Montapert: "A maioria vê os obstáculos; são poucos os que vêem os objetivos; a história registra os sucessos dos últimos, enquanto o esquecimento é a recompensa dos primeiros." Alguém que pensa em termos de soluções, em vez de concentrar-se apenas nos problemas, pode ser aquele que fará a diferença. Uma equipe formada por pessoas que têm essa mentalidade pode, de fato, fazer coisas.

Seu tipo de personalidade, criação e história pessoal podem afetar seu modo natural de voltar-se para soluções. Entretanto, *qualquer pessoa* pode tornar-se alguém voltado para soluções. Considere essas verdades que todas as pessoas que buscam soluções reconhecem:

1. Os problemas são uma questão de perspectiva

Não importa o que as pessoas lhe digam, seus problemas não são seus. Se você acha que algo é um problema, então é. Entretanto, se acha que algo é simplesmente um contratempo passageiro, um obstáculo temporário ou uma solução que está sendo criada, você não tem um problema (porque não o criou).

Obstáculos, contratempos e fracassos fazem simplesmente parte da vida. Você não pode evitá-los. Mas isso não significa que você é obrigado a permitir que eles se tornem problemas. A melhor coisa que você pode fazer é enfrentá-los com uma mentalidade voltada para a solução. É simplesmente uma questão de atitude.

2. Todos os problemas têm solução

Algumas das pessoas célebres na solução de problemas foram inventores. Charles Kettering explicou: "Quando era chefe de pesquisa da General Motors e queria solucionar um problema, eu colocava uma mesa do lado de fora da sala de reunião com o seguinte aviso: 'Deixe as réguas aqui.' Se não fizesse isso, veria alguém pegar a régua, levantar-se e dizer: 'Chefe, você não pode fazer isso.'" A abordagem de Kettering abriu caminho para uma carreira que abarcou mais de 140 patentes, a fundação da Delco e sua inclusão no Rol da Fama dos Inventores norte-americanos. Ele acreditava que todos os problemas tinham solução e ajudou a cultivar essa atitude nos outros. Se você quiser ser voltado para soluções, então é preciso estar disposto a cultivar essa atitude em você também.

> Os obstáculos parecerão grandes ou pequenos de acordo com sua própria grandeza ou pequenez.
> – Orison Swett Marden

3. Os problemas ou nos fazem parar ou nos fazem ir além dos limites

Orison Swett Marden, fundador da revista *Success*, afirmava que "os obstáculos parecerão grandes ou pequenos de acordo com sua própria grandeza ou pequenez". Os problemas ou prejudicam ou ajudam você. Dependendo do modo como você os aborda, eles o impedirão de ter sucesso ou farão com que você vá além de seus limites não só para superá-los, mas também para ser uma pessoa melhor ao longo do processo. A escolha é sua.

■ REFLEXÃO

Como você vê a vida? Você vê uma solução em todo desafio ou um problema em toda situação? Os membros de sua equipe aproximam-se de você porque você tem idéias sobre como superar os obstáculos ou evitam conversar com você sobre dificuldades porque você torna as coisas *mais* difíceis? Quem você é determina aquilo que você vê. Quando a questão é abordar problemas, você de fato só tem quatro opções: fugir deles, lutar contra eles, esquecê-los ou encará-los. Qual é, normalmente, sua opção?

■ COMPREENSÃO

Para tornar-se um membro de equipe mais voltado para soluções:

- **Não aceite a idéia de desistir.** Ao mesmo tempo que uma pessoa quer dizer: "Eu desisto", alguém que está diante da mesma situação está dizendo: "Que ótima oportunidade!" Pense em uma situação impossível diante da qual você e os membros de sua equipe estão cuja solução é desistir. Agora tome a decisão de não desistir até encontrar uma solução.

- **Torne a concentrar-se em suas idéias.** Nenhum problema pode resistir ao ataque de um pensamento firme. Ponha de lado o tempo dedicado aos membros de sua equipe para concentrar-se no problema. Certifique-se de que este é um momento que você reservou exclusivamente para pensar, e não um momento que restou, quando você já está cansado ou distraído.

- **Pense novamente em sua estratégia.** Albert Einstein, o físico que recebeu o prêmio Nobel, observou: "Os problemas importantes que enfrentamos não podem ser solucionados no mesmo nível do pensamento em que estamos quando os criamos." Saia daquela caixa em que você normalmente está quando pensa. Quebre algumas regras. Tenha idéias absurdas. Redefina o problema. Faça o que for necessário para gerar novas idéias e abordagens para o problema.

- **Repita o processo.** Se, a princípio, você não tiver êxito na solução de um problema, insista. Se você *de fato* solucionar o problema, então repita o processo para resolver outro problema. Lembre-se de que sua meta é cultivar uma atitude orientada a soluções da qual você faz uso o tempo todo.

■ LIÇÃO DO DIA-A-DIA

Em 1939, as tropas soviéticas invadiram e anexaram os estados bálticos, inclusive a Letônia. O vice-cônsul norte-americano de Riga, capital da Letônia, observou o que estava acontecendo e ficou preocupado com a possibilidade de os soldados soviéticos saquearem o depósito de suprimentos da Cruz Vermelha norte-americana. Entrou em contato com o Departamento de Estado dos Estados Unidos para pedir permissão para hastear a bandeira norte-americana sobre a bandeira da Cruz Vermelha, a fim de proteger os suprimentos, mas a resposta de seus superiores foi a seguinte: "Não há nenhum precedente para tal ação."

> Nenhum problema pode resistir ao ataque de um pensamento firme.

O vice-cônsul subiu no mastro e amarrou a bandeira norte-americana a ele. Em seguida, enviou uma mensagem para o Departamento de Estado: "A partir deste dia, eu estabeleci um precedente."

As soluções normalmente estão diante dos olhos do observador.

17

Persistente

Jamais desista

■

Enxergar longe é uma coisa; ir longe é outra.
— Constantin Brancusi

Para ser o primeiro a terminar,
você precisa terminar.
— Rick Mears

■ OUTROS FAB FOUR?

No verão de 2001, Margaret e eu fomos passar dez dias na Inglaterra com nossos amigos Dan e Patti Reiland, Tim e Pam Elmore e Andy Steimer. Somos amigos dos Reiland e dos Elmore há quase vinte anos, e fizemos muitas viagens juntos, por isso estávamos ansiosos por esta viagem. E embora não conhecêssemos Andy há tanto tempo, ele se tornou um bom amigo – e já havia ido à Inglaterra tantas vezes que era quase como nosso guia turístico extra-oficial.

Enquanto nos preparávamos para a viagem, alguns de nós tinham interesses e lugares históricos específicos que gostariam de incluir no roteiro. Por exemplo, eu queria visitar todos os lugares que se relacionassem a John Wesley, o renomado evangelista do século XVIII. Por mais de trinta anos, estudei a vida de Wesley, li todos os seus escritos e colecionei seus livros. Por isso, fomos a Epworth, onde ele cresceu, à capela de Wesley em Londres e aos muitos lugares onde ele pregou. Por causa de Tim, visitamos Cambridge e outros lugares que tinham a ver com o apologista, professor e autor C. S. Lewis. Andy tinha apenas um lugar em sua lista de lugares imperdíveis, uma vez que já havia ido à Inglaterra várias vezes: os salões de guerra de Winston Churchill.

Três de nós queriam andar nos lugares onde nossos heróis andaram, dar uma rápida olhada na história e, quem sabe, compreender o sentido de destino que esses grandes líderes ou pensadores experimentaram. Restava Dan. Sem dúvida, Dan gostava de compartilhar nossos interesses. Ele adora o tema da liderança, leu as obras de C. S. Lewis e foi ordenado pastor *wesleyano*. Além disso, divertiu-se muito visitando nossos lugares preferidos. Mas o único lugar que ele realmente tinha de visitar era a faixa para pedestres onde os Beatles haviam sido fotografados para o álbum *Abbey Road*. Dan queria que tirássemos uma foto atravessando a rua, assim como John, Ringo, Paul e George.

Ora, eu gosto dos Beatles, e achei que poderia ser divertido visitar o lugar. Mas, para Dan, era mais do que algo especial. Era essencial. Se não fôssemos à Abbey Road, sua viagem não teria sido completa. Por causa disso, todo dia, quando saíamos de nosso hotel em Londres para seguir nosso itinerário, Dan nos pressionava: "E agora, pessoal, vamos para a Abbey Road, certo?"

No último dia, havíamos planejado, por fim, ir à Abbey Road. Todos, exceto Margaret, levantaram-se às seis horas e se amontoaram em dois táxis para fazer um passeio pela cidade até a rua do estúdio onde os Beatles gravaram seu último álbum. Dan estava tão emocionado que cheguei a pensar que ele pularia de dentro do táxi.

Quando chegamos, tivemos uma surpresa. A rua estava interditada! Grandes caminhões de construção estavam por toda a parte, e cones cor de laranja cobriam a faixa de pedestres. A impressão era de que havíamos feito o passeio à toa. Como partiríamos de Londres naquela tarde, não tínhamos outra oportunidade para tirar a foto. Dan teria de voltar para casa de mãos vazias.

Mesmo assim, decidimos sair dos táxis, só para dar uma olhada na situação. Imaginamos que poderia haver uma construção grande naquela pequena rua. Entretanto, descobrimos que um enorme guindaste, que estava a pouco mais de meio quilômetro de distância, atravessaria a rua à tarde, e esta era a razão por que ela estava interditada. Pensando bem, aquilo me deu esperança de que poderíamos conseguir a foto. Nenhum de nós queria que Dan ficasse desapontado, e eu sempre adoro um desafio. Por isso, começamos a nos mexer.

Começamos a conversar com os operários que fecharam a rua. A princípio, eles não faziam idéia do que queríamos. Então, quando entenderam a razão por que estávamos ali, cruzaram os braços, ficaram tão firmes quanto a Rocha de Gibraltar e disseram que não seria possível. Era o território deles, era o trabalho deles, e eles não mudariam as regras. Entretanto, não pude deixar de rir quando conversamos com um operário que tinha cerca de 25 anos. Quando dissemos que Dan queria uma foto como aquela do álbum dos Beatles, e que a original havia sido feita naquele ponto, o jovem disse: "Sério? Foi aqui?"

Conversamos um pouco mais com os rapazes. Brincamos. Nós nos oferecemos para levá-los para almoçar. E dissemos de onde havíamos vindo e quanto aquela foto era importante para Dan. "Vocês podem ser os heróis de Dan", expliquei. Algum tempo depois, pude ver que eles estavam começando a amolecer. Por fim, um rapaz grandalhão e robusto com um forte sotaque disse: "Ah, vamos ajudar os ianques. Que mal há nisso?"

> ... não se deve parar de tentar nos momentos difíceis.

O que experimentamos a seguir foi a sensação de que aqueles homens trabalhavam para nós. Eles começaram a tirar os cones e a mover os caminhões. Até deixaram Patti, esposa de Dan, subir em um dos caminhões para tirar a foto do mesmo ângulo que a foto original dos Beatles. Rapidamente formamos a fila: primeiro Tim, depois Andy, depois eu (sem os sapatos, como Paul McCartney) e, por fim, Dan. Foi um momento que tão cedo não esqueceremos, e a foto fica em minha mesa hoje para lembrar-me do ocorrido.

■ REFORÇO

Naquele dia de verão em Londres, será que tivemos sucesso por causa de um talento extraordinário? Não. Foi por causa de nosso tempo? Claro que não, uma vez que era nosso tempo que havia nos metido em apuros, em primeiro lugar. Foi a força ou o número de pessoas em que estávamos? Não, estávamos apenas em seis. Tivemos sucesso porque fomos persistentes. Nosso desejo de tirar a foto era tão forte que o sucesso de nossa pequena equipe foi quase inevitável.

Convém concluir a discussão sobre as competências essenciais de um membro de equipe falando sobre a tenacidade, pois ela é decisiva para o sucesso. Até as pessoas que não têm talento e que não conseguem cultivar algumas das outras competências vitais de um membro de equipe têm uma chance de contribuir com a equipe e de ajudá-la a ter sucesso, se tiverem tenacidade.

Ser tenaz significa:

1. Dar o máximo de si, e não mais do que isso

Algumas pessoas que não têm tenacidade doam-se mais do que podem porque acreditam, erroneamente, que a tenacidade exige que sejam mais do que têm a oferecer. Por isso, elas não se esforçam. Todavia, para ser tenaz é preciso entregar-se totalmente – não mais, mas, certamente, não menos. Se você se entrega por inteiro, proporciona a si mesmo todas as oportunidades possíveis de ter sucesso.

Observe o caso do general George Washington. Durante todo o curso da Revolução Norte-Americana, ele venceu somente três batalhas. Entretanto, deu tudo o que tinha e, quando venceu, isso foi importante. O general britânico Cornwallis, que se rendeu a Washington em Yorktown para pôr fim à guerra, disse ao comandante norte-americano: "Sir, eu o saúdo não apenas por ser um grande líder de homens, mas por ser um cristão invencível que jamais desistiria."

2. Trabalhar com determinação, e não esperando o destino

Pessoas persistentes não confiam na sorte ou no destino para ter sucesso. E quando as condições ficam difíceis, elas continuam em ação. Sabem que não se deve parar de tentar nos momentos difíceis. E é isso que faz a diferença. Entre milhares de pessoas que desistem, há sempre alguém como Thomas Edison, que observou: "Começo onde o último homem desistiu."

3. Parar quando o trabalho está feito, e não quando se está cansado

Robert Strauss afirmou que "o sucesso é um pouco parecido com uma briga com um gorila. Você não pára quando está cansado – pára quando é o gorila que está cansado". Se deseja que sua equipe tenha sucesso, você tem de continuar a se esforçar além do que imagina que pode fazer e descobrir o que realmente é capaz de fazer. Não é o primeiro, mas o último passo na corrida de revezamento, o último lance no jogo de basquete, o último metro no futebol rumo à grande área que fazem a diferença, pois é aí que se vence o jogo. O autor que fala sobre motivação, Napoleon Hill, resume a questão: "Toda pessoa de sucesso descobre que o grande sucesso está um pouco além do ponto em que ela está convencida de que sua idéia não vai funcionar." A tenacidade persiste até o trabalho estar feito.

■ REFLEXÃO

Qual é o nível de sua tenacidade? Quando os outros desistem, você continua firme? Se aos 44 minutos do segundo tempo e há dois jogadores fora de jogo, em sua mente você já perdeu ou está pronto para convocar a equipe para a vitória? Se a equipe não conseguiu encontrar uma solução para o problema, você se dispõe a perseverar até o fim para chegar ao sucesso? Se, por vezes, você desiste antes do restante da equipe, talvez lhe seja necessária uma dose forte de tenacidade.

■ COMPREENSÃO

A. L. Williams diz: "Você supera 50% das pessoas nos Estados Unidos trabalhando com afinco. Você supera outros 40% sendo uma pessoa honesta e íntegra, e defendendo alguma coisa. Os 10% restantes são uma refrega dentro do livre-sistema empresarial."

Para melhorar sua tenacidade:

- **Trabalhe com mais afinco e/ou com mais inteligência.** Se você tem a tendência de ficar olhando para o relógio e nunca trabalhar além do horário de saída, independentemente do que aconteça, precisa mudar seus hábitos. Acrescente algo em torno de sessenta a noventa minutos a seu horário de trabalho todos os dias, chegando ao serviço de trinta a quarenta e cinco minutos antes e ficando o mesmo tempo após seu horário normal. Se você é do tipo que já aumenta seu horário de serviço, então passe mais tempo planejando formas para tornar suas horas de trabalho mais eficientes.

- **Defenda alguma coisa.** Para ter sucesso, você precisa agir com total integridade. Entretanto, se puder acrescentar a isso o poder do objetivo, você terá uma vantagem extra. Escreva em uma ficha qual é a relação de seu trabalho diário com seu objetivo geral. Em seguida, revise essa ficha diariamente para manter viva sua chama emocional.

- **Faça de seu trabalho um jogo.** Nada instiga a tenacidade como nossa própria natureza competitiva. Tente aproveitar-se disso fazendo de seu trabalho um jogo. Encontre outras pessoas em sua organização que tenham os mesmos objetivos e crie uma competição amigável com elas para sua própria motivação e a motivação delas.

> Você supera 50% das pessoas nos Estados Unidos trabalhando com afinco. Você supera outros 40% sendo uma pessoa honesta e íntegra, e defendendo alguma coisa. Os 10% restantes são uma refrega dentro do livre-sistema empresarial.
>
> – A. L. Williams

■ LIÇÃO DO DIA-A-DIA

As pessoas diziam que era impossível construir uma estrada de ferro do nível do mar na costa do oceano

Pacífico até os Andes, a segunda maior cadeia de montanhas do mundo, depois do Himalaia. Contudo, era isso que Ernest Malinowski, um engenheiro nascido na Polônia, queria fazer. Em 1859, ele propôs a construção de uma linha de trem de Callao, na costa do Peru, ao interior do país – a uma elevação de mais de 4.500 metros. Se ele tivesse sucesso, seria a estrada de ferro mais alta do mundo.

Os Andes são montanhas traiçoeiras. A altitude dificulta o trabalho e acrescenta a ele condições frias, geleiras e a possibilidade de uma atividade vulcânica. E as montanhas vão do mar a uma altitude de milhares de metros em uma distância muito curta. Para se subir a uma grande altitude nas montanhas cheias de mossas, são necessárias ferrovias em ziguezague, pistas sinuosas e inúmeras pontes e túneis.

Mas Malinowski e suas equipes de trabalho tiveram êxito. Jans S. Plachta afirma: "Há aproximadamente cem túneis e pontes, entre os quais alguns são grandes feitos da engenharia. É difícil imaginar de que forma esta tarefa poderia ter sido realizada com um equipamento para construção relativamente primitivo, grandes altitudes e um terreno montanhoso como obstáculos." A estrada de ferro ainda é hoje como um testamento da tenacidade dos homens que a construíram. Independentemente do que tenha acontecido com eles durante o processo, Malinowski e sua equipe nunca desistiram.

Conclusão

Espero que você tenha gostado de *Competências Pessoais Que as Empresas Procuram* e tenha se beneficiado dos exercícios da seção "Compreensão" de cada capítulo. As tarefas têm por objetivo ajudá-lo a entender cada competência e a dar início ao processo de constante crescimento pessoal em sua vida.

Gostaria de incentivá-lo a continuar a crescer como membro de equipe. Reveja este livro periodicamente para avaliar como está seu desenvolvimento. Se você é fluente em inglês, visite o site www.QualitiesOfATeamPlayer.com para fazer uma avaliação gratuita de seu trabalho em equipe.

Sucesso!

NOTAS

■ CAPÍTULO 1

1. "Perfect Pitch", Context, abril-maio de 2001 <www.contextmag.com>.
2. Ibid.
3. Ibid.

■ CAPÍTULO 2

1. DAVIS, Rob. "The Real Escape — The Tunnels: 'Tom,' 'Dick' and 'Harry'", 16 de julho de 2001 <www.historyinfilm.com/escape>.
2. "The Great Escape", 2 de julho de 2001 <www.historyinfilm.com/escape>.
3. Provérbios 27:17.

■ CAPÍTULO 3

1. "Jonas Salk, M.D.: Interview, May 16, 1991", 2 de julho de 2001 <www.achievement.org>.

2. Ibid.
3. Flach, Frederic. *Choices: Coping Creatively with Personnel Change*, Filadélfia, PA: J. B. Lippincott, 1977.

■ CAPÍTULO 4

1. "An Interview with Legendary Coach Herman Boone", 5 de janeiro de 2001 <www.blackathlete.com>.
2. "Herman Boone, Coach", 29 de maio de 2001 <www.71originaltitans.com>.
3. "Interview with Herman Boone and Bill Yoast", *Duelo de Titãs* (DVD), Walt Disney Pictures, 2000.

■ CAPÍTULO 5

1. Taylor, Minét. "Minétspeak", *Wood & Steel*, verão de 2001, 3, 5.
2. "From the Beginning", 18 de julho de 2001 <www.taylorguitars.com/history>.
3. "Heartline", dezembro de 1993.

■ CAPÍTULO 6

1. "Biography", homepage de Christopher Reeve, 30 de julho de 2001 <www.fortunecity.com>.
2. "New Hopes, New Dreams", *Time*, 26 de agosto de 1996 <www.time.com>.
3. Ibid.
4. Ibid.
5. Ibid.

■ CAPÍTULO 7

1. Hosford, Christopher. “30 Years of Progress for the Ultimate 10-Event Man”, revista *Life Extension*, setembro de 1998, 11 de junho de 2001 <www.lef.org/magazine>.
2. MacDonald, Gordon. *The Life God Blesses*, Nashville: Thomas Nelson, 1994.

■ CAPÍTULO 8

1. “Edwardian Conquest”, 14 de junho de 2001 <www.britannia.com/wales>.

■ CAPÍTULO 9

1. “History”, 7 de agosto de 2001 <www.harley-davidson.com>.
2. Teerlink, Rich e Ozley, Lee. *More Than a Motorcycle: The Leadership Journey at Harley-Davidson*, Boston: Harvard Business School Press, 2000, p. 8.
3. “Motorcycle and Customer Data”, 7 de agosto de 2001 <www.investor.harley-davidson.com>.
4. Maxwell, John C. *Dando a Volta por Cima*. São Paulo: Mundo Cristão, 2001, pp. 59, 61.
5. “Smell the Roses: Parade Floats in the Making”, 28 de dezembro de 1997 <www.channel2000.com>.

■ CAPÍTULO 10

1. Rowland, Pleasant T. “Welcome to Pleasant Company”, 26 de junho de 2001 <www.americangirl.com>.

2. "Company Profile", 26 de junho de 2001 <www.americangirl.com>.

CAPÍTULO 11

1. "Who Was Molly Pitcher?", Garry Stone, 3 de agosto de 2001 <uweb.superlink.net/monmouth/molly>.

CAPÍTULO 12

1. Perry, John. *Sgt. York: His Life, Legend, and Legacy*, Nashville: Broadman and Holman, 1997, p. 97.
2. "Alvin Cullum York", 2 de julho de 2001 <volweb.utk.edu.schools/york>.
3. Williams, Gladys. "Alvin C. York", 2 de julho de 2001 <volweb.utk.edu/schools>.
4. Perry, John. *Sgt. York*, p. 32.
5. Williams, Gladys. Op. cit.

CAPÍTULO 13

1. Deaver, Michael K. "The Ronald Reagan I Knew", *Parade*, 22 de abril de 2001, p. 12.
2. Ibid., p. 10.
3. "Thirty Years with Reagan: A Chat with Author, Former Reagan Aide Michael Deaver", 20 de abril de 2001 <www.abcnews.com>.
4. Ibid.

CAPÍTULO 14

1. Routson, Joyce. "Nokia CEO Talks About Next-Generation Mobile Technology", 6 de março de 2001 <www.gsb.stanford.edu/news>.

2. "The Nokia Way", 29 de junho de 2001 <www.nokia.com>.
3. McCLENAHEN, John S. "CEO of the Year", 30 de novembro de 2000 <www.industryweek.com>.
4. Anônimo.
5. Provérbios 8:10,11, paráfrase do autor.

CAPÍTULO 15

1. DAVIES, Peter N. *The Man Behind the Bridge: Colonel Toosey and the River Kwai*, Londres: Athlone Press, 1991, p. 56.
2. Ibid., pp. 107,8.
3. Ibid., p. 99.
4. "A Tale of Two Rivers", *Electronic Recorder*, março de 1998 <www.livgrad.com.uk>.

CAPÍTULO 16

1. "Code Adam", 29 de maio de 2001 <www.ncmec.org>.
2. "Our Story", 29 de maio de 2001 <www.ncmec.org>.

PARABÉNS!

Você acaba de ler mais um livro publicado por uma editora que faz diferença no mercado editorial.

Se tiver algum comentário ou sugestão, escreva, citando o livro que leu, para

EDITORA MUNDO CRISTÃO
Caixa Postal 21.257, CEP: 04602-970
São Paulo – SP

Este livro foi composto por Idéia Dois Design,
em Arrus BT, e impresso pela Imprensa da Fé,
em papel Off-set 75 g/m^2